여성주의 신학의 선구자들

Teresa Forcades i Vila
LA TEOLOGÍA FEMINISTA EN LA HISTORIA

© 2007 Teresa Forcades i Vila
Original title: *La teologia feminista en la història*
Published for the first time in 2007 in spain by Fragmenta Editorial
Published by agreement with Fragmenta Editorial

Translated by Kim Hang Seob
Korean translation copyright © 2018 by Benedict Press, Waegwan, Korea.

여성주의 신학의 선구자들

2018년 5월 10일 교회 인가
2018년 6월 7일 초판 1쇄

지은이	테레사 포르카데스 이 빌라
옮긴이	김항섭
펴낸이	박현동
펴낸곳	성 베네딕도회 왜관수도원 ⓒ 분도출판사
찍은곳	분도인쇄소

등록	1962년 5월 7일 라15호
주소	04606 서울시 중구 장충단로 188 분도빌딩 102호(분도출판사)
	39889 경북 칠곡군 왜관읍 관문로 61(분도인쇄소)
전화	02-2266-3605(분도출판사)·054-970-2400(분도인쇄소)
팩스	02-2271-3605(분도출판사)·054-971-0179(분도인쇄소)
홈페이지	www.bundobook.co.kr

978-89-419-1810-3 03230

이 책의 한국어판 저작권은 FRAGMENTA EDITORIAL과 독점 계약한
분도출판사에 있습니다.
저작권법에 의해 한국 내에서 보호를 받는 저작물이므로 무단 전재와 무단 복제를 금합니다.

LA TEOLOGÍA
FEMINISTA
EN LA HISTORIA

여성주의 신학의 선구자들

테레사 포르카데스 이 빌라 지음
김항섭 옮김

분도출판사

차례

	이끄는 글	7
1	여성주의 신학이란 무엇인가?	13
2	가부장적 신학과 여성주의 신학	25
3	여성 논쟁과 근대의 탄생	47
4	유럽 최초의 여성 전업 작가	58
5	카탈루냐 최초의 여성주의 신학자	61
6	근대성과 마녀사냥	66
7	아빌라의 성녀 데레사와 그녀의 학교	80
8	성모 마리아에 대한 주체적 해석	90
9	교회 검열에 대한 투쟁	95
10	17세기 여성 문학 활동의 절정	103
11	여성과 남성의 평등성	107
12	그리스도교 직무에서의 여성-남성 평등	124
13	여성들의 지적 활동	132
14	유럽 최초의 여성 박사들	136
15	마지막 성찰	149
	주	157
	참고문헌	166

이끄는 글

1641년, 철학자이자 신학자인 안나 마리아 판 스휘르만 Anna Maria van Schurman은 다음과 같이 썼다. 당시 '네덜란드의 미네르바'라고 불렸던 그녀는 17세기의 가장 지적인 여성으로 꼽힌다.

> 영혼의 진정한 위대함으로 이끄는 모든 것은 그리스도교 여성과 어울린다. … 사람의 지성을 드높이고 완성하는 모든 것은 여성한테 적합하다. … 새로운 기쁨, 정직한 기쁨에 마음을 여는 모든 것은 그리스도교 여성과 어울린다.

"하늘이 한계이다." 판 스휘르만이 프랑스 철학자이

자 신학자인 마리 드 구르네Marie de Gournay에게 보낸 편지에서 쓴 표현이다. 판 스휘르만은 이 편지에서 여성이 어떤 형태의 제한도 없이 학문을 할 수 있어야 한다고 주장했다. 판 스휘르만은 대수학, 산수학, 기하학, 천문학에 능통했으나 무엇보다도 신학에 깊은 관심이 있었다. '하늘이 한계이다'라는 표현은 궁극적 기준은 하느님이지 인간의 관습이나 편의가 아니라는 뜻이다. 곧, 하느님은 여성이든 남성이든 당신의 모상에 따라 창조했고, 그들을 합리적 존재로 만들어 창조를 통해 하느님을 찬미하도록 했다. 사람이 각자 갖고 있는 능력은 하느님이 준 은총이고, 하느님은 그 은총으로 각각의 사람을 스스로 책임 있는 존재로 만드셨다(마태 25,14-30에 나오는 '탈렌트의 비유' 참조). 사람으로 사는 것, 그리스도인으로 사는 것은 최대한 진지하고 책임감 있게 우리 안에 있는 하느님의 은총에 응답하고, 우리의 탈렌트를 그 한계까지 충실하게 계발함으로써 하느님을 찬미함을 뜻한다.

'하늘이 한계이다.' 그러나 판 스휘르만의 실제적 한계는 오늘날 대다수 여성들의 한계와 마찬가지로, 그녀가 20년 이상 몸소 돌봤던 두 명의 병든 고모들이었다(마태 25,31-46 참조). 이에 대해서는 나중에 살펴보겠다.

판 스휘르만과 같은 시대에 살았던 르네 데카르트는 그녀에게 고모들을 버리고 철학에 온전히 매진하라고 권고했다. 당시 네덜란드에 살던 데카르트가 성경에는 '명백하고 독특한 이념'이 포함되어 있지 않기에 결코 논리정연한 철학에 토대를 제공할 수 없다고 선언하기 전까지 둘은 친구로 지냈다. 데카르트는 지적 존경심을 느꼈던 또 다른 여자 친구에게도 이와 같은 충고를 건넸다. 그 여자 친구는 보헤미아의 엘리자베스 공주였다. 그녀는 자기 자매들에게 적절한 혼처를 마련해 주거나, 살인 혐의를 받은 형제를 옹호하면서 부딪쳤던 문제들에 대해 데카르트와 상의하면서 이런 충고를 받았다.

보헤미아의 엘리자베스 공주는 르네 데카르트와 안나 마리아 판 스휘르만과 정기적으로 편지를 주고받았다. 그녀는 판 스휘르만의 말년에 그녀를 보호하는 역할을 하기도 했다. 데카르트는 엘리자베스 공주에 대해, 자신의 새로운 철학을 이해한 유일한 사람이라고 말했다.

보헤미아의 엘리자베스 공주는 오늘날 데카르트 철학에 대한 가장 예리한 동시대적 비판자로 꼽힌다. 특히 그의 철학의 핵심이라고 할 수 있는 육체-영혼 이분법의 한계를 지적하면서 비판적 입장을 취했다. 그녀의 비판에 대한 응답으로서, 데카르트는 그녀의 질문이 결정적으로 중요하다는 것을 인정하면서 그녀에게 헌정하는 「정념론」Les passions de l'âme이라는 논문을 썼다. 그녀의 질문은 이러하다. 육체와 정신이 완전히 다른 두 실체라면, 어떻게 정신이 육체를 지배할 수 있는가? 이 둘이 그 어떤 공통점도 없다면, 어떻게 한쪽이 다른 쪽에 영향을 끼칠 수 있고, 다른 쪽을 움직일 수 있고, 심지어 다른 쪽을 지배할 수 있는가?

한편 판 스휘르만은 데카르트에게 직접 응대하려 하지 않고, 데카르트의 '코기토 에르고 숨'cogito ergo sum("나는 생각한다. 그러므로 존재한다")의 주관론을 비판하면서, '숨 에르고 코기토'sum ergo cogito("나는 일정한 방식으로 만들어졌기 때문에 생각할 수 있고, '나를 만들고, 나로 하여금 생각할 수 있게 하는 이 일정한 방식'이 나의 생각에 앞서 있다")의 객관론으로 그와 다른 철학을 전개했다. 객관적 요소 없이 철학은 논리 정연할 수 없다. 데카르트는 『방법서설』에서, 자기 체계의 난제를 해결하기 위해 신神이 필요하다고 명확하게 주장한다. 그럼에도 데카르트의 신은, 판 스휘르만과 보헤미아의 엘리자베스의 신과는 다르게 철학 밖에 존재하고 단지 그 밖에서 철학에 토대를 제공한다. 앞서 말한 것처럼, 위로부터의 후견은 이런 식으로 신을 결정적으로 제거하는 또 다른 길을 마련한다.

데카르트는 판 스휘르만이나 보헤미아의 엘리자베스처럼 결혼한 적이 없다. 그런데 그녀들과 달리 그는 가족의 복지에 직접적으로 책임이 있다고 전혀 생각하지 않았다. 데카르트에게는 프란시느라는 혼외 딸이 하나 있었는데 다섯 살 때 죽었다. 데카르트는 딸이 살아 있을 때 무척 예뻐했으나, 그녀의 일상에 필요한 재화에 대해서는 결코 염려하지 않았다. 이러한 염려를 한 것은 그녀의 어머니였다.

안나 마리아 판 스휘르만의 저서와 그녀의 삶은 17세기 유럽 지성사의 중요한 부분이지만 신학 책에서는 다뤄지지 않는다. 신학의 역사는 그녀를 마치 존재한 적이 없는 사람처럼 취급한다.

신학에 대한 스콜라적 정의는 '이해를 추구하는 신앙'이다. 판 스휘르만이라는 인물과, 수세기에 걸쳐 신학을 했던 여성들, 곧 자신의 믿음을 지속적이고 체계적인 방식으로 성찰했던 모든 여성들을 오늘날 복원하는 것은, 역사적 관점에서 여성주의 신학의 과제 가운데 하나이다. 여성주의 신학은 그 철학적 관점에서 왜에 대하여 질문한다. 다시 말하면 '왜 여성의 지적 공헌이 역사에서 묻히는 경향이 있는가?'라고 묻는다.

이 질문에 대한 답은 쉽지 않다. "왜냐하면 남성들이 역사나 세계를 지배하면서, 그들이 여성의 지적 공헌을 기록하거나 고려하려 들지 않았거나 그럴 수 없었기 때문"이라고 대답하는 것으로는 충분하지 않다. 남성이 역사나 세계를 지배하는 것은 사실인가? 왜 그런가? 남성이 여성의 지적 공헌을 기록하거나 고려하기를 원하지 않았거나 그럴 수 없었다는 것이 사실인가? 왜 그런가?

하느님은 이 모든 것에 대해 뭐라고 말씀하시는가?

1
여성주의 신학이란 무엇인가?

역사에서 여성주의 신학의 존재와 역할을 분석하기에 앞서, 내가 할 수 있는 가장 정교한 방식으로, 그리고 구체적 사례를 들어 여성주의 신학의 개념을 정의하겠다.

여성주의 신학은 비판신학이다. 비판적 연구는 철학적이든 역사적이든 사회적이든 문학적이든 늘 모순의 경험에서 비롯한다. 신학의 경우 초기 모순을 다음과 같은 방식으로 특징지을 수 있다.

1) 삶의 체험에서 오는 모순

- 어떤 사람이 신과의 관계 속에서 겪는 삶의 체험과 그가 물려받은 신 이미지 또는 신학적 해석 사이의 모순.

예: 동성애자는 일정한 환경에서 자신의 섹슈얼리티를 행사하는 것을 올바른 것, 신이 원하는 것으로 여길 수 있다. 그러나 그가 배운 신학적 해석은 이와 달리 이러한 성적 행위가 '본질적으로 문란한 것' 그리고 신의 뜻을 거스르는 것으로 간주할 수 있다.

• 어떤 사람이 신과의 관계 속에서 겪는 삶의 체험과 그의 종교 전통이 성스럽다고 여기는 경전 구절 사이의 모순.

예: 결혼한 그리스도교 여성 신자는 남편이 일정한 방식으로 그녀보다 우월하다고 여겨지는 것을 신의 뜻에 반하는 것으로 여길 수 있다. 그러나 이 여성은 이와 달리 신약성경에서 다음과 같은 구절을 발견할 것이다. "여자는 언제나 순종하며 조용한 가운데 배워야 합니다. 그래서 나는 여자가 가르치거나 남자를 다스리는 것을 허락하지 않습니다. 오히려 여자는 조용해야 합니다. 사실 아담이 먼저, 그다음에 하와가 빚어졌습니다. 그리고 아담이 속은 것이 아니라 여자가 속아 넘어가서 죄를 범하게 되었습니다"(1티모 2,11-14. 또한 이와 같은 뜻에서 1코린 11,13; 에페 5,22; 티토 2,5 참조). 이 여성이 가톨릭 신자여서 미사에 참

례한다면, 성찬의 전례에서 이 구절들 가운데 한 구절을 읽게 되고 자신의 자리로 돌아오기 전에, 금방 읽은 것이 '하느님의 말씀'이라고 공표해야 하는 상황이 일어날 수 있다.

2) 지적인 것에서 비롯하는 모순

• 물려받은 전통이나 해석의 두 측면 사이에서 발견할 수 있는 모순.

  예: 자신의 서약을 지키지 않는 가톨릭 사제나 수도자들은 성체를 분배하는 반면, 이혼한 가톨릭 신자는 성체 분배를 할 수 없다는 것이 모순처럼 보일 수 있다.

• 서로 다른 성경 구절 사이에서 인식할 수 있는 모순.

  예: 사람들은 갈라티아서 3장 28절이 코린토 1서 11장 3절 또는 에페소서 5장 22-24절과 모순되는 것으로 볼 수 있다. 갈라티아서 3장 28절은 이렇게 말한다. "유대인도 없고 헬라인도 없으며, 노예도 없고 자유인도 없으며, 남성이랄 것도 여성이랄 것도 없습니다. 여러분은 모

두 그리스도 예수 안에 하나이기 때문입니다." 이와 달리 코린토 1서 11장 3절은 이렇게 말한다. "그러나 모든 남자의 머리는 그리스도이시고 여자의 머리는 남자이며, 그리스도의 머리는 하느님이시라는 것을 여러분이 알고 있기를 나는 바랍니다." 그리고 에페소서 5장 22절에서 24절까지 다음과 같이 쓰여 있다. "아내들은 주님을 대하듯 자기 남편에게 순종해야 합니다. 남편은 아내의 머리이기 때문입니다. 그것은 그리스도께서 교회의 머리이신 것과 같으니 바로 그분은 그 몸의 구원자이십니다. 그리하여 교회가 그리스도께 순종하는 것처럼 그렇게 아내들도 모든 일에 남편에게 순종하시오."

- 물려받은 전통이나 해석과 성경 구절 사이에서 발견할 수 있는 모순.

예: 교회 전통은 결혼한 사람들이 그리스도교 공동체를 이끄는 것을 금지한다. 그러나 이와 달리 티모테오 1서에는 다음과 같이 쓰여 있다. "그런데 감독자는 비난받을 것이 없고 한 여자의 남편으로서 건전하고 분별력 있고 단정하고 손님 대접을 잘하고 가르칠 능력이 있는 사

람이어야 합니다. 주정뱅이나 싸움질 잘하는 사람이어서는 안 되고 오히려 양보할 줄 알고 다투지 않고 돈에 대한 욕심이 없는 사람이어야 합니다. 또한 자기 가정을 잘 다스리고 언제나 위엄 있게 자녀들을 순종시키는 사람이어야 합니다. 그런데 자기 가정을 다스릴 줄 모르는 사람이라면 어떻게 하느님의 교회를 돌볼 수 있겠습니까?"(1티모 3,2-5).

모순의 경험은 매우 긍정적인 결과를 가져올 수 있을지라도, 마음이 편한 것도 유쾌한 것도 아니며, 우리에게 해결을 향해 나아갈 것을 촉구한다.

3) 이러한 긴장은 몇몇 경우에 자신의 인식을 바꾸면서 해소된다.

- 부정적 변화: 자신의 관점이나 경험 또는 감정을 억누르면서 모순을 부인하거나 참는다.

  예: 자살한 동성애자의 경우, 또는 동성애자들이 자신들에게 닥친 부정적 결과들을, 자신들의 섹슈얼리티가

일정한 방식으로 '병적인', '탈선적인', '결손적인', '본질적으로 무질서한' 또는 '신이 원하지 않는' 것이었다고 스스로 합리화하려고 애쓰면서, 자신들이 겪은 부정적 결과들을 사후적으로 설명하는 경우.

• 긍정적 변화: 자신의 관점을 억누르지 않으나 사람의 관점을 변화시키는 새로운 경험 덕분에 모순을 극복한다.

예: 성경 본문이 절대적 선과 진리인 하느님의 영감 아래 쓰였음을 받아들인다면, 성경이 선과 이해력에 한계가 있는 사람들의 정신과 마음을 거치면서, 여성, 동성애자 또는 나병환자를 차별하는 구절들을 포함하게 되었다는 사실 또한 받아들일 수 있다. 왜냐하면 이 구절들이 성경 안에 포함되어 있다는 사실 자체가 신의 뜻을 반영하는 것은 아니라고 이해할 수 있기 때문이다. 성경은 그 전체를, 믿음의 공동체 맥락에서 해석해야 한다. 믿음의 공동체 또한 성경의 저자들처럼 하느님의 영감을 받고 있으나 선과 이해력에 한계가 있고, 교종 요한 바오로 2세가 가톨릭교회와 관련하여 선언했던 것처럼, 비非교의적 문제에서 역사적으로 잘못을 저지르기도 했다.

4) 내적 긴장을 해소하는 다른 경우도 있다.

• 양심에 따라 자신의 인식을 책임감 있게 유지하면서, 변화시켜야 할 것은 우리가 물려받은 신학적 해석이라고 여길 때, 내적 긴장을 해소할 수 있다.

예: 17세기 독일 신학자 프리드리히 폰 스페Friedrich von Spee의 경우가 이에 해당한다. 프리드리히 폰 스페는 '성적 관계를 통해 악마와 계약을 맺는 여자들이 있다', '그녀들은 마녀들이고, 신의 뜻은 그녀들을 고문하거나 불에 태워 죽이는 것이다'라는 당시의 통념을 거슬러 싸웠다. 북미 흑인 노예들이 노예제에 대항해 싸운 것도 이에 해당한다. 백인 식민자들은 예수의 하느님이 노예제를 옹호한다고 말하면서 흑인 노예들에게 복음을 선포했다. 흑인 노예들은 그들 나름대로, 그리고 일부 퀘이커파 그리스도교 신자들의 도움을 받아 복음을 읽었고, 예수의 하느님은 노예제가 아니라 노예의 해방을 옹호한다고 이해했다. 이 두 가지 사례에서 볼 수 있는 사상은 오늘날 우리가 보기에 상식적인 것들이지만, 당시에는 극단주의로 비난받았고 성경, 전통, 과학적 증거, 공동선 그리고

자연법에 반하는 것으로 여겨졌다. 역사 속에서 이러한 생각들이 진보할 수 있었던 것은 당시로서는 대담한 도전이라 할 수 있는 것에 자신의 목숨을 건 사람들이 있었기 때문이다.

비판적 신학의 목표는 두 가지이다. 우리가 물려받은 해석들 중에서 모순을 일으키는 측면들을 명백히 식별하고, 이러한 모순을 극복할 수 있는, 신학적으로 일관된 해석적 대안을 제공하는 것이다. 이러한 모순은 흔히 차별이나 불의의 상황으로 인해 일어나기 때문에, 비판적 신학을 해방신학이라고 부르기도 한다.

여성주의 신학은 비판신학 또는 해방신학의 한 형태이다. 보통 여성주의 신학 또는 여성주의 신학자라고 말할 수 있으려면, 다음과 같은 세 가지 조건이 동시에 충족되어야 한다.

- 모순의 경험: 어떤 사람이(반드시 여자일 필요는 없다) 자신이 속한 믿음 공동체가 여성의 정체성이나 사회적·교회적 기능을 신학적으로 개념화하는 방식에서 차별적이

거나 부당함을 발견한다.
- 개인적 입장 갖기: 바꾸어야 하는 것은 자신의 인식이 아니라 물려받은 신학적 해석의 일부 측면이라는 결론에 이른다. 이 결론은 잠정적인 것이고 잘못된 것일 수도 있다.
- 제도적 입장 갖기: 이 사람이 속한 믿음 공동체의 교의적 완결성에 관심을 갖는 제도는 그의 해석에 동의하지 않는다. 그렇다고 해서 그가 이러한 의미에서 연구하는 것을 금지한다는 뜻은 아니다. 물론 금지하는 일이 일어날 수도 있다.

따라서 여성주의적 남성 신학자나 여성 신학자의 길은 반드시 투쟁의 길이자 권리를 주장하는 길이다. 그렇다고 오로지 투쟁만의 길이거나 권리만을 주장하는 길이라는 뜻은 아니다. 그 활동 자체로부터 나오는 무상無償의 길, 은총의 길, 놀랄 만한 길, 예기치 않은 선물의 길이기도 하다. 최초의 전망을 더 넓혀 가면서, 가끔 그 전망을 고치기도 하고, 흔히 그 전망에 보다 더 충만한 의미를 부여하는 발견의 길이다. 여성주의 신학의 길은 투쟁의 길이고 무엇보다도 사회적 거부 또는 차별을 겪는 이들의 고통과 기쁨에 연대하고 육화하고 개입하는 길이다.

이와 함께 분명히 해야 할 것이 있다. 가끔 여성신학(teología femenina)과 여성주의 신학(teología feminista)을 비슷한 말인 것처럼 사용하고 있으나, 같은 말이 아니다. 여성신학은 여성주의 신학과는 달리 반드시 모순에서 출발하는 것이 아니고, 반드시 비판적 관점을 갖는 것도 아니다. 예를 들어 아내가 남편에게 복종해야 한다고 주장하는 여성은 수많은 여성적(femenina) 관점들 가운데 하나의 관점을 갖고 있다고 말할 수 있으나, 여성주의적(feminista) 관점을 갖고 있다고 말할 수는 없다. 남편은 아내에게 복종해야 한다고 주장하는 여성 또한 수많은 여성적 관점들 가운데 하나의 관점을 갖고 있다고 말할 수 있으나, 여성주의적 관점을 갖고 있다고 말할 수는 없다. 여성주의적 관점은 여성과 남성 어느 쪽이든 복종이나 지배 없이, 자유롭고 호혜적인 관계를 맺기 위해 창조되었다는 것을 전제한다.

두 번째로 명확히 해야 할 점은 여성주의 신학을 태동시키는 원래 모순이 여성의 정체성 또는 기능이나 역할을 개념화하는 방식을 언급하고 있다고 해서, 여성주의 여성 신학자나 남성 신학자가 단지 이것에만 관심 있다거나 신의 이름으로 행하는 다른 어떤 차별도 인지하지 못한다는 뜻은 아니다. 여성주의 신학은 어떤 억압도 배제하지 않고, 어느 것이 가장 중요한 억압인지 따지면서 서로 경쟁시키는 것도 아니다. 다시 말하면 동성애자의 억압, 여성의 억압, 제3세계 가난한 이들의 억압, 제4세계 가난한 이들의 억압, 아프리카인들의 억압, 이주민들의 억압, 이른바 '원주민들'의 억압, 육체적·정신적 장애인들의 억압 가운데 어느 것이 중요한지 따지지 않는다. 예수는 "수고하고 짐을 진 여러분은 모두 내게로 오시오. 그러면 내가 여러분을 쉬게 하겠습니다"(마태 11,28)라고 말한다. 그리고 이스라엘의 전통은 억압을 '이방인(이주자), 고아, 과부'(신명 24,17-22)라는 인물로 구체화한다. 이러한 대의들 가운데 어느 하나를 위해 투쟁하는 것은 모든 대의를 위해 투쟁하는 것과 같다. 대의는 하느님에 대한 충실한 믿음을 삶 자체에서 구체화(육화)하는 것이고, 각각의 여성, 각각의 남성은 이것이 자신에게 뜻하는 도전을 있는 그대로 받아들여야 한다.

따라서 이러한 특성을 가진 열정적이고 사회적인 투쟁에 헌신하는 신학 연구에 위험이 있음을 알 수 있다. 그것은 바로 자신의 이해나 목적을 위해 또는 자신의 열정을 위해 연구 대상 자료를 왜곡하는 것, 다시 말하면 변형하는 것이다. 이러한 위험은 실제적이고 그 위험을 부정할 수 없다. 미리 그 위험을 발견해야 하고, 그 위험을 최소화하기 위해 방법론적으로 주의할 필요가 있다. 예를 들면, 자료를 활용할 때 불리한 정보를 숨겨서는 안 된다. 인용할 때는 어떤 표현도 그 맥락에서 분리시켜 원저자가 의미하고자 한 바를 놓치지 않도록 해야 한다. 더 견고하고 매력적인 진술로 반대 의견을 제시할 수 있도록 언제나 노력해야 한다.

어떤 신학 연구도 이 같은 위험에서 자유롭지 않다는 것을 분명히 할 필요가 있다. 앞서 말한 자료의 왜곡이나 변형이 비판신학이나 해방신학에서 일어날 수 있지만, 이와 대조적으로 비판적 의지가 없는 신학은 의미 부재 不在의 위험, 중요성이나 구체성을 잃어버릴 위험에 빠질 수 있다.

2
가부장적 신학과 여성주의 신학

앞 장章에서 여성주의 신학이라고 정의했던 것은 비록 그 이름을 직접 사용하지는 않았을지라도, 가부장적 신학이 존재하던 때부터 있었다. 신학이란 고유한 의미의 종교적 믿음에 대한 성찰이라고 할 수 있다. 신에 대해 이야기할 때, 예배나 의례를 주재할 때, 종교 제도를 운영할 때 남성이 여성보다 더 적절하다고 간주하는 가부장적 신학이 존재하던 때부터 이러한 질서나 제도에 반대했던 사람들이 있었는데, 이들이 여성주의적 여성 신학자와 남성 신학자들이다.

신에 대해 이야기하거나 예배나 의례를 주재할 때, 또는 종교 제도를 운영할 때 언제부터 여성의 자질이 떨어진다고 여겼는가? 대다수 연구자들은 아주 오래전부터 늘 그래 왔던 상황이라고 이해하고 있다. 일부 소수의 연구자들은, 종교적·사회적으로 남성을 열등한 존재로 여긴 모권제母權制 시대가 존재했을 가능성이 있다고 본다. 고대 세계의 종교적·법적 체계들은 비록 분석적 차원에서 보면 중요하고 아주 흥미로운 차이가 있을지라도, 우리 시대까지 남아 있는 대부분의 종교적·법적 체계들은 사실상 여성의 소유권과 교육받을 권리, 남편을 선택하거나 거절할 권리를 부인한다. 예를 들면, 기원전 17세기 함무라비의 바빌론 법전과 기원전 7세기 힌두교의 마누 법전이 그러하다. 이러한 종교적·법적 체계는 기본적으로 20세기까지 변함없이 유지되었다. 또한 법적으로든 실제로든 21세기 대부분의 세계 여성들이 겪고 있는 상황이기도 하다.

고대의 종교적·법적 체계는 흔히 결혼을 두 남성의 계약, 곧 미래의 남편과 신부의 아버지 사이의 계약으로 여긴다. 약혼자/아내의 주체성과 자유는 법 조항에서 인정받지 못한다. 다만 하나의 명백하고 보편적인 예외가 있는데, 바로 간음의 경우이다.[1] 우리에게 알려진 법전에서 간음 관련 조항은 여성의 온전한 주체성을 인정할 뿐만 아니라, 여성이 남성보다 죄가 더 많다고 주장하는 경향이 있다. 그러니까 여성이 남성보다 더 자유롭고, 자신의 행동에 더 큰 책임이 있다는 주장이다. 여기서는 남성을 흔히 여성의 매력과 조작의 희생자로 간주한다. 간음의 경우 여성과 남성의 주체성을 어떻게 인지하는지에 대한 대조적 예가 구약성경에 나온다. 밧 세바와 다윗의 이야기(2사무 11,2-27), 포티파르의 아내와 요셉의 이야기(창세 39,7-20)가 그것이다.

2005년 영국에서 행한 한 조사에 따르면, 남성과 여성으로 구성된 응답자의 1/3은 일반적으로 성폭행을 당하는 여성들에게 잘못이 있다고 응답했다. 곧, 여성들이 성폭행을 유발했다는 것이다. 예를 들면 옷을 입고 다니는 방식으로 성적 충동을 유발한다는 주장이다. 간음에 관한 고대 법률이든 현대 영국인 가운데 1/3의 의견이든 거기에 함축되어 있는 전제는 남성성에 대한 공적 담론과 모순된다. 왜냐하면 이 두 사례는 남성의 주체성과 자유와 자기 통제력이 강하다는 것이 아니라, 오히려 약하다는 것을 전제하고 있기 때문이다. 이와 달리 예수는 마태오복음에서, 남성들의 윤리적 능력에 대한 더 긍정적인 이미지를 제시한다(마태 5,28). 이 성경 구절에서 예수는 남성이 여성 앞에서 온전한 자유를 갖고 있고, 따라서 성적 만남에서 남성의 책임은 어떤 경우에도 여성의 책임보다 열등하지 않다고 전제한다.

오늘날까지 법적 규범에서 지속되고 있는 남성과 여성 사이의 불평등은 그 이유를 흔히 자연(신의 계획이나 자연법) 또는 문화나 역사에서 찾는다. 프리드리히 엥겔스와 그에게 영감을 받은 20세기의 급진적 좌파 페미니즘에 따르면, 온전한 여성적 주체성을 법적으로 인정하지 않은 것은 역사적으로 사적 소유권에 바탕을 둔 경제체제의 강화와 관련 있다. 불가피한 실수의 여지가 항상 있긴 하지만, 남성이 자기 소유물을 다른 남성의 자식들이 아닌 자기 자식들에게 확실하게 물려줄 수 있는 유일한 수단은 바로 (자신의) 여성에 대한 통제였다. 1917년 러시아 혁명 정부의 사회복지위원이었던 알렉산드라 콜론타이Alexandra Kollontai[2]는 다양한 저서에서 이 점에 대해 이론화했을 뿐만 아니라, 사회복지위원직을 수행하는 동안 남성과 여성 사이의 법적 불평등을 극복하려는 정치적 조치들을 내놓았다. 그 가운데 초기 조치 중 하나는 한 여자의 모든 자식들의 합법성, 곧 사회적 평등을 그 아버지가 그들을 인정하든 인정하지 않든 상관없이 인정하는 것이었다.

법적 규범은 신에 대해 이야기하고 신이 우리를 좋아한다는 것을 이야기하는, 종교적 믿음을 가진 사회들에서 만들어졌다. 신학을 공부했던 사람들 가운데 일부는 처음부터, 하느님의 선하심과 공의公義에 대한 자신의 체험과 사회적 불평등이 모순된다는 것을 발견했다. 예를 들어, 성인이자 교회 박사로서 동방교회와 서방교회에서 모두 존경을 받았던 4세기의 주교 나지안주스의 그레고리우스는 간음에 대한 법률이 부당하게도 여성을 차별한다고 비판했다. 남성들이 자신들의 편의를 좇아 이 법률을 만들었기 때문이다. 그래서 그레고리우스는 이 이중적 도덕이 신의 계획과 모순된다고 주장했다.

나는 순결을 존중한다. 나는 남성들이 순결과 관련해 제대로 준비되어 있지 않고, 순결 관련 법규들이 변칙적이고 부당하다고 생각한다. 이 법규들이 남성에게 허용하는 것을 여성과 관련해서는 비난하는 근거가 무엇인가?

남편을 거슬러 죄를 짓는 아내들은 간음한 여자라고 비난하고, 법이 그녀에게 내리는 형벌은 아주 가혹하다. 그러나 만일 남편이 자기 아내를 거슬러 죄를 저지른다면, 그땐 아무 일도 일어나지 않는다. 나는 이 법규를 받아들일 수 없다. 나는 이러한 관습에 동의하지 않는다. 이 법규는 남성들이 만들었고, 여성들과 관련하여 이 법을 엄격하게 규정했다. 왜냐하면 자식들이 아버지를 봉양하도록 한 반면, 어머니는 빈털터리로 내버려 두기 때문이다. 하느님은 이렇게 만들지 않았다. 하느님께서 말씀하신다. 아버지와 어머니를 존중하라.[3]

이 모든 것에도, 그레고리우스의 시대나 오늘날에나 우리는 남성과 여성 사이의 불평등한 법률을 부당하다고 여기지 않을 뿐만 아니라, 하느님의 이름으로 이 법률을 옹호하거나, 심지어 이 법률을 더 엄격하게 만들려고 하는 신학자들을 발견할 수 있다. 3세기의 그리스도교 신학자 테르툴리아누스는 말했다.

그리하여 여성은 참회의 옷을 입고 이브로부터 물려받

은 것, 인류 타락의 원인이었던 원죄와 증오의 수치스러움을 더 온전하게 속죄해야 한다. … 나는 네가 임신하여 커다란 고통을 겪게 하리라. 너는 괴로움 속에서 자식들을 낳으리라. 너는 네 남편을 갈망하고 그는 너의 주인이 되리라(창세 3,16). … 너희는 너희 딸 각자가 하나의 이브임을 모르느냐? 너희의 성에 대한 하느님의 단죄는 오늘날까지 지속된다. 너희의 잘못 또한 지속된다. … 너희는 악마의 문이다. 너희는 신성한 법으로부터 처음 이탈한 자들이다. 너희는 악마조차도 감히 공격하지 않는 그를 유혹했다. 너희는 하느님의 모상인 남성을 마치 아무것도 아닌 것처럼 파괴했다. 너희의 잘못 때문에 하느님의 아들조차 죽어야 했다.[4]

과거처럼 오늘날에도 신학을 공부하는 일부 사람들은 사회적 불평등을 어떤 신학적 문제로도 보지 않는다. 이와 달리 고대 이스라엘 사람들은 사회적 불평등에 아주 민감하게 반응했다. 바로 노예의 삶에서 해방됨으로써 하느님을 체험했기 때문이다. 이스라엘 사람들에게 하느님은 '이방인, 고아와 과부'의 편을 드는 분이다. "[하느님께서 말씀하신다.] 너희는 이방인을 억압하거나 학대해서는 안 된다. 너희도 이집트 땅에서 이방인이었다. 너희는 어떤 과부나 고아도 억눌러서는 안 된다. 너희가 그들을 억눌러 그들이 나에게 부르짖으면, 나는 그 부르짖음을 들어줄 것이다"(탈출 22,20-22; 신명 27,19; 이사 1,17; 예레 22,3).

이스라엘 법전은 여성의 편에서 몇 가지 개선책을 제시한다. 간음의 경우 남성 또한 여성만큼 죄가 있는 것으로 여긴다(레위 20,10). 그럼에도 불평등은 대부분 지속되고, 신의 법(율법)이라는 이름으로 계속 정당화된다. 예를 들어 젊은 처녀가 성폭행을 당했을 경우, 가해자인 남성은 처녀의 아버지에게 50세켈을 지불해야 하고 나아가 그 처녀와 결혼해야 한다(신명 22,28-29). 이 율법의 밑바닥에 깔린 논리는, 엥겔스의 명제에 따르면, 소유물의 손상에 관한 것이다. 손상을 입힌 자는 소유주(아버지)에게 보상을 하고 손상된 물건(젊은 처녀)을 갖는다. 여기서 여성의 주체성과 여성이 겪는 충격적 고통은 무시된다.

여성적 주체성의 부재不在는 수사비평으로 유명한 구약성경신학 교수 필리스 트리블Phyllis Trible이 '공포의 본문'이라고 이름 붙인 성경 구절에서 특히 통탄할 만한 수준이다. 그 본문들 가운데 족장 야곱의 딸 디나를 겁탈하고(창세 34장), 다윗왕의 딸 타마르를 성폭행하며(2사무 13장), 레위인의 여자를 능욕하고 살해한 이야기(판관 19장)가 있다. 이 세 가지 예에서는, 트로이의 헬레나처럼, 한 남자가 여성에게 느끼는 욕망의 강도와 (또는) 남자가 여성에게 행사하는 성적 폭력은 전쟁의 원인이 된다. 그리고 이 세 가지 사례에서 성경 본문은 여성의 주체성을 무시한다.

이와 대조되는 사례로 특히 요한복음의 증언이 의미심장하다. 간음하다 붙잡힌 여자와의 만남에서 예수는 그녀를 단죄하지 않을 뿐만 아니라, 오히려 그녀를 단죄하고 처형하려고 하는 자들의 죄를 지적한다(요한 8,1-11). 그녀를 단죄하려는 자들은 그녀와 아무런 관련이 없는 목적을 이루기 위한 구실로 그녀를 군중들 가운데에 세웠다(3절에서 주체는 남성이고 여성은 객체이다. "간음하다가 붙잡힌 여자를 데려와 가운데 세워 놓고 …"). 그녀 혼자 예수와 함께 남았을 때, 여자는 여전히 가운데에 있었으나, 이제는 물리적으로뿐만 아니라 그녀의 모든 주체성에서 가운데에 있

가부장적 신학과 여성주의 신학 **33**

었다(9절에서 주체는 여성이다. "여자는 가운데에 그대로 있었다"). 예수는 직접 그녀에게 향하고 그녀 또한 말을 한다(10절과 11절). 이제 막 그녀를 죽음으로부터 구원한 예수는 그로 인해 그녀를 희생자의 지위로 축소하지 않고, 그녀의 책임성, 곧 그녀의 온전한 주체성을 인정한다(11절). 예수의 증언은, 율법을 위해서 그리고 다른 사람들의 이익을 위해서 봉사해야 하는 것은 여자가 아니라, 오히려 율법이 여자를 포함해 예외 없이 모든 사람들을 위해(그들의 복지, 그들의 발전, 그들의 자유, 그들의 행복을 위해) 봉사해야 한다는 것이다.

마르코복음은 이와 관련하여 일반적 원리를 제시한다. "안식일이 사람을 위해서 생겼지, 사람이 안식일을 위해서 생기지는 않았습니다"(마르 2,27). 그리고 루카복음은 이 원리를 적용한 사례를 서술한다. 예수는 안식일에 한 여자의 병을 고쳐 준다(루카 13,10-17). 안식일은 유대인들에게 쉼의 날이었고 오늘날까지 여전히 쉼의 날이다. 따라서 생명을 구하는 데 필요한 일이 아니라면, 치유를 포함하여 어떤 일도 하지 못하도록 금지하고 있다. 이러한 맥락에서 볼 때, 쉼의 날은 아무것도 하지 않는 잔칫날이 아니라, 바로 하느님께 예배를 드리고, 우리를 노예 아닌 자유인으로 만들어 주신 것을 감사드리기 위한 잔칫날이다. 예수는 안식일 율법을 거스른 것이 아니며(마태 5,17-18), 안식일 율법을 포함하여 하느님 율법의 이름으로 그 어떤 사람의 구체적 고통도 결코 외면할 수 없음을 명백히 한다. 루카복음에 나오는 등 굽은 여자 이야기에서 알 수 있는 것은 하느님의 율법에 대한 예외가 아니라, 바로 이 율법에 의미를 부여하는 것이다. "그러므로 여러분은 무엇이든지 사람들이 여러분을 위해 해 주기 바라는 것을 그대로 그들에게 해 주시오. 이것이 율법과 예언자들의 정신입니다"(마태 7,12).

신학적 문제로 제기되는 여성과 남성 사이의 불평등은 모든 주류 종교에서 드러나는 주제이다. 1세기 대승불교 교학의 고전적 문헌인 법화경에는 용왕의 딸 이야기가 나온다. 그녀는 지혜와 탁월한 신심을 가지고 있지만 여자이기 때문에 깨달음에 이를 수 없었다. 용녀의 나이는 고작 여덟 살이었다. 그러나 깨달음에 걸림돌이 된 것은 그녀의 나이가 아니라 그녀의 성性이었다. 이 이야기에서는 가부장적 교학의 입장을 대변하는 사리자舍利子

와 짧지만 특별한 대화를 나눈 뒤, 남성으로 성전환하면서 문제를 해결한다. 이는 법화경과 비슷한 시기에 쓰인 외경 도마복음이 마리아 막달레나의 사례를 해결하기 위해 제안한 것과 같은 신학적 해결책이다.

　이러한 해결책들은 보통 각 종교의 진보 진영에서 나온다. 진보 진영은 성스러움의 이름으로 여성을 부정적으로 생각하고 여성에 대한 차별을 정당화하는 것이 파렴치하다고 생각한다. 이 진보적인 남성과 여성 신학자들은 앞서 인용한 테르툴리아누스의 본문과 같은, 명시적 여성혐오에 대해 반대한다. 불교 전통의 몇몇 글에도 이러한 명시적 여성혐오가 거의 비슷한 방식으로 나타난다. "여성들은 청정한 계율을 파괴할 수 있다. 그녀들은 명예에도 극기에도 관심을 갖지 않는다. 그녀들은 남성들이 극락에서 다시 태어나는 것을 방해한다. 여성들은 지옥의 원인이다."[5] 그리스도교와 불교 사이에 커다란 지리적·문화적·종교적 차이가 있음에도, 명시적 여성혐오의 표현이나, 그것을 극복하고자 하는 전략이 이렇게 똑같은 것은 놀라운 일이고, 따라서 직접적이고 예리한 방식으로 그 이유를 따져 묻지 않을 수 없다. 또한 역사적 상황을 조심스럽게 고려하면서, 이러한 상황들이 드러내는 심리적 메커니즘에 대해 질문해 볼 수 있다. '마녀사냥' 현상을 다루는 장에서 간략한 방식으로 이 질문에 대해 다시 다룰 것이다. 이 질문은 모든 역사적 여정에서 끊임없이 제기될 것이고, 답하기가 쉽지 않지만, 그렇다고 이 질문을 거둬들일 수도 무시할 수도 없다.

흔히 명시적 여성혐오를 반대하는 진보적 진영이 이러한 해결책을 내놓을지라도, 온전한 영성화의 이전 단계로서 여성의 남성으로의 전환을 언급하는 본문들 또한 여성혐오적이다. 다시 말하면 이 본문들은 여성적인 것의 열등함 그리고 남성적인 것의 우월함을 전제하고 받아들인다. 남성적인 것이 여성적인 것보다 더 영성적이라 여기고 전제한다. 선불교 전통은 이러한 묵시적 여성혐오가 거짓된 것임을 폭로한다. 중국 선불교의 황금기였던 9세기의 비구니 선사 말산요연末山了然은 남성으로의 성전환을 거부하고 그에 대한 답변과 가르침을 통해, 성과 젠더는 영성적 충만함에 이르는 데 관계없는 것임을 보여 주었다. 이것은 이미 7세기에 그리스도교 수도자인 고백자 막시무스Máximo el Confesor가 선언한 것이고, 그보다 앞서 대승불교의 유마경(2세기)과 승만경(3세기) 그리고 1세기에 사도 바오로 역시 갈라티아 신자들에게 보낸 서간에서 이를 선언한 바 있다. "유대인도 없고 헬라인도 없으며, 노예도 없고 자유인도 없으며, 남성이랄 것도 여성이랄 것도 없습니다. 여러분은 모두 그리스도 예수 안에 하나이기 때문입니다"(갈라 3,28). 그럼에도 결정적으로 여성혐오를 반대하는 이 본문들을 해석할 때 질문 하나가 제기된다. 고유한 육체성 또는 고유한 섹슈얼리티의 거부인가? 이것이 영적 평등을 얻기 위해 지불해야 하는 비용인가?

외경 마리아복음(2~3세기)은 이론적 관점이 아니라 실천적이고 정치적인 관점에서 영적 또는 종교적 평등의 이념을 옹호하고 있다. 예수가 남자 제자들에게는 계시하지 않은 것을 한 여자에게 계시했다고 여기면서 베드로가 화를 내자, 마리아가 그에게 외친다. "베드로 형제여, 내가 꾸며 냈거나 거짓말을 했다고 생각하는가?" 그러자 레위가 그녀를 거든다. "베드로, 당신은 늘 까닭 없이 흥분하고 이제는 마치 여자가 적인 것처럼 공격을 퍼붓는다. 구원자께서 그녀에게 존엄성을 부여했는데, 그녀를 거부하는 당신은 누구인가?" 여기서 강조하는 바는 고유한 종교 전통의 해석과 공동체의 의사 결정에는 여성과 남성 사이의 평등이 중요하다는 것이다.

또한 붓다와 같은 시대를 살았던 여성들의 조직적 청원도 실천적이고 정치적인 특징을 갖는다. 그녀들은 여성을 수도 공동체로부터 배제하는 것에 반발했다. 불교 전통은 역사상 최초의 여성주의적 시위라 할 수 있는 이 사건에 대한 기억을 오늘날까지 간직하고 있다. 이 일화를 전해 주는 문헌에 따르면, 500여 명의 여성으로 구성된 이 시위를 붓다는 달가워하지 않았다. 이 여성들은 가족을 떠나 머리를 깎았으며, 그녀들의 청원이 받아들여질 때까지 수도원 문 앞에서 한 발자국도 움직이지 않겠다고 마음먹었다. 이 시위는 마하프라자파티Mahaprajapati가 주도했다. 그녀는 붓다의 이모로, 자매간인 붓다의 어머니 마야가 붓다를 낳고 얼마 안 되어 죽자, 붓다의 어머니 역할을 해 왔다. 붓다의 애제자인 아난다Ananda가 개입한 덕분에 마침내 붓다는 여성 수도원을 허락했다. 그러나 여섯 가지 계율을 통해 여성 승려인 비구니들을 남성 승려인 비구들에게 종속시켰다. 특히 비구니는 비구의 지시를 받아야 하고 비구 앞에서 고개를 숙여야 하는 반면에 비구에게는 그럴 의무가 없음을 강조한 계율이 그러하다.

이 계율들은 역사적으로 존중받았는가? 대부분의 경우 그렇다고 말할 수 있다. 그러나 예외도 있다. 8~12세기 중국의 몇몇 선불교 수도원에서는 비구니들이 비구들을 가르쳤을 뿐만 아니라 그 가르침을 받은 비구들이 수행에서 다른 이들보다 더 뛰어났던 것으로 알려졌다. 바로 젠더의 고정관념을 뛰어넘을 수 있었기 때문이다. 이와 달리 오늘날에도 비구니가 비구의 선생이 되는 것을 받아들이지 않는 나라들이 있다. 모든 종교 전통에는 권위, 대표 또는 행정·교육·의례 집전 등의 공동체 책무 지위를 사실상 남성들이 맡는 것을 선호하는 남성과 여성들이 있다.

이슬람 전통 또한 여성혐오적 규범도 있고 역사적 예외도 있다. 이 예외 가운데 하나가 노예 출신 라비아 알-바스리Rabi'a al-Basri의 사례이다. 그녀는 위대한 수피 신비가로서 8세기에 이라크의 바스라Basra에서 살았고 그 시대에 가장 중요한 종교적 인물로 추앙받았다. 그녀의 가르침은 그 신선함과 상식, 영혼의 자유 때문에 오늘날에도 여전히 우리를 놀라게 한다. 얼마 동안의 단식을 마친 어느 날, 먹을 만한 것을 준비하려던 라비아와 그녀의 시종은 양파 한 알조차 남아 있지 않다는 사실을 깨달았다. 시종은 이웃에 가서 음식을 청하자고 제안했으나 라비아가 답하기를, 40여 년 전부터 자신은 신이 주는 것만으로 살아왔다고 했다. 바로 그 순간, 새 한 마리가 그들 머리 위로 날더니 냄비 안에, 껍질까지 벗겨 요리할 준비가 끝난 양파 한 알을 떨어뜨렸다. 그러자 라비아가 말했다. "재미있는 일이구나. 그런데 나는 이해가 안 간다. 신이 양파 상인이라는 것을 믿어야 한단 말인가?"

그날 라비아와 시종은 양파 없이 빵만 먹는 것으로 이야기는 마무리된다. 라비아의 일화에서 볼 수 있는 예민함은 그녀의 시에서 사랑에 대한 끝없는 갈망과 열림으로 바뀐다. 「마음의 문을 지키는 것」이라는 제목의 시에서 라비아는 이렇게 노래한다. "사랑에 있어 그 어떤 것도 가슴과 가슴 사이에 영속하지 않는다. 말은 욕구에서 나온다. 그것은 입증된 것에 대한 진술한 서술이다. 경험한 자는 안다. 그러나 설명하는 자는 거짓을 말한다."

우리는 대부분의 종교에서 여성과 남성의 평등을 옹호하는 믿을 만한 증언을 발견할 수 있다. 대부분 잊힌 이러한 인물들과 문헌들을 되살리는 것이 오늘날까지 여성주의 신학의 주된 과제 가운데 하나였다. 문제는 그와 동시에, 앞서 본 바와 같이 이러한 종교들에서 여성과 남성의 평등을 거슬러 말하는, 앞서 말한 증언들만큼이나 믿을 만한 증언들을 찾아내는 것이다.

이러한 모순은 인류의 창조에 관한 성경 이야기에 전형적 형태로 나타난다. 성경의 첫 번째 책이지만 기원전 5세기 무렵에야 작성된 것으로 여겨지는 창세기는 인류의 창조에 대한 서로 다른 판본을 앞뒤로 이어서, 그러나 그들 사이의 모순을 해결하지 않은 채 그대로 제시한다 (참조: 창세 1,26-27; 2,18-25). 첫 번째 판본에 따르면, 하느님은 남자와 여자를 동시에 창조했다. 둘 중 어느 누구도 어떤 의미에서든 다른 이에 앞서지 않는다. 이와 달리 두 번째 판본에 따르면, 하느님은 먼저 남자를 창조하고 나중에 남자의 몸으로 여자를 창조했다. 첫 번째 이야기는 평등의 인간학을 토대 짓는 것처럼 보이는 반면, 두 번째 이야기는 남자에 대한 여자의 종속처럼 보이는 차이를 소개하면서, 대부분의 경우에 그런 식으로 해석했다.

앞서 보았듯이, 1세기에 사도 바오로 자신이 여자와 남자가 그리스도 안에서 동등한 존엄성을 갖는다고 선포해 놓고는(갈라 3,28), "모든 남자의 머리는 그리스도이시고 여자의 머리는 남자"(1코린 11,3)라고 말하면서 창세기의 두 번째 이야기를 언급해 여자의 이러한 종속을 정당화한다. 바오로에 따르면, 이 이야기에서 아주 명백한 것은 여성이 남성으로부터 왔다는 것 그리고 그 반대는 아니라는 것뿐만 아니라 여자는 남자를 위해 만들어졌고 또한 그 반대는 아니라는 것이다(1코린 11,8-9).

20세기가 지난 뒤, 「교회와 세상 안에서 남녀의 협력에 관하여 가톨릭교회의 주교들에게 보내는 서한」(요한 바오로 2세, 2004)은 한편으로 부부 사이의 호혜와 평등에 대해 이야기하면서, 다른 한편으로 "그 가장 깊고 근원적인 본성에서 여자는 '남자를 위하여'(1코린 11,9) 존재"하고,[6] 여자는 남자와 달리 "자기 자신을 위해서"라기보다는 "상대방을 위해서"[7] 만들어졌다고 거듭 주장한다. 이 문서는 오직 남성들로만 구성된 기구인 교황청 신앙교리성이 작성했다.

이처럼 여성의 문제(el problema de las mujeres)는 오늘날에도 여전히 지속되고 있다. '여성의 문제'라는 표현은 흔히 남성들에게 여성들이 일종의 문제임(주체적 소유격, genitivo subjetivo)을 뜻한다. 따라서 여성의 본성은 무엇인가, 사회와 (또는) 종교에서 여성의 자리는 어떤 것이어야 하는가, 여성들에 대한 하느님의 계획은 무엇인가라고 묻는다. 이와 달리 흔히 여성들에게 여성의 문제라는 표현은 '여성이 문제이다'라는 것이 아니라 여성이 문제를 갖고 있다(객체적 소유격, genitivo objetivo)는 것을 뜻한다.[8] 여성들에게 여성의 문제는 그녀들을 옥죄는 법률과 관습, 종교 계율이다. 따라서 이 경우에 여성의 자리가 어떤 것이어야 하는가, 하느님이 여성들에게 바라는 것은 무엇인가에 대해 물음을 던지기보다는, 여성들은 각자 하느님이 이해하도록 그녀들에게 부여한 방식으로 역사를 거쳐 오면서 그 물음에 대한 답을 이미 알고 있다고 생각하는 경향이 있는 것 같다. 하느님으로부터 받았다고 믿는 소명을 실천하려고 할 때, 문제들이 나타나게 된다. 그리고 그 문제들은 오늘날에도 계속되고 있다. 특히 그녀들의 소명이 공적 책임을 맡는 것과 관련될 때, 문제들이 두드러진다.

16세기에 아빌라의 성녀 데레사(Teresa de Jesús)는 몇몇 후대 판본에서 검열당했던 『완덕의 길』이라는 저서 한 구절에서 다음과 같이 말한다.

> 주님, 충분하지 않습니까? 세계는 우리에게 닫혀 있어, 당신을 위해 가치 있는 어떤 것도 공적으로 행할 수 없고, 감히 몇 마디의 진리도 말할 수 없습니다. 그래서 우리는 몰래 웁니다, 당신이 우리의 정당한 청원을 들을 수 있도록. 그러나 주님, 저는 당신의 선함과 올바름을 알고 있기에 이것을 믿지 않습니다. 당신은 올바른 판관이시고 세상의 판관들과 같지 않기 때문입니다. 세상의 판관들은 결국 남자들과 아담의 아들들이고, 그들은 앞에서 말한 의심 때문에 어떤 여자의 덕성도 고려하기를 거부합니다. 그렇습니다, 나의 왕이시여, 그러나 언젠가 모든 것이 알려질 날이 올 것입니다. 저는 저 자신을 위해 말하지 않습니다. 전 세계가 저의 사악함을 이미 알고 있고 저는 그것이 알려지게 되어 기쁘기 때문입니다. 그러나 저는 시대가 어떠한지 살펴보면서, 덕이 있고 용감한 정

신들을 물리치는 것은 옳지 않다고 생각합니다. 비록 그것이 여성들의 정신일지라도.⁹

3
여성 논쟁과 근대의 탄생

유럽에서 흔히 근대성이라 부르는 것이 나타나면서, 인본주의 문화와 개인적 자율성의 강조, 제국주의-식민화, 과학혁명, 국민국가의 수립 및 민주주의의 도래와 더불어, 새로운 문화 패러다임과 사회정치적 세계 질서가 틀을 갖추기 시작하고 그것이 우리 시대까지 이어지고 있다. 근대성 안에서, 그와 동시에 근대성을 거슬러, 여성주의(feminismo) 개념이 생겨나고 여성적 주체성이 정치적으로 조직되었다. 근대성의 품 안에서, 그와 동시에 근대성을 거슬러, 역사상 최초로 공간의 다양성을 창출할 수 있었다. 그 공간에서, 여성인 것이라고 전제하는 것(여성에 대한 공적 담론, 곧 신학적·철학적 또는 과학적 담론)과 현실 속에서 각각의 여성인 것 또는 여성이 되고자 하는 것 사이에 늘 존재했던 모순들이 모든 영역(학문적·과학적·경제적·정치적·사회적·종교적·심리학적 영역 등)에 걸쳐 나타나고 서로 연결된다. 이런 식으로 우리는 인간적 보편성과 그 이상理想을 이론적·실천적으로 세우는 것에 깊은 관심을 가질 수 있게 되었다.

19세기 말까지는 고유한 의미의 여성주의가 나타나지 않았을지라도, 이 여성주의와, 역사 속에서 여성주의의 토대와 정체성을 구성하는 요소로 끊임없이 등장했던 표현 사이에 존재하는 연속성을 강조하는 것이 중요하다. 곧, 여성에 대한 공적 담론과 각 여성의 개인적 경험 사이의 모순을 강조하는 것이 결정적으로 중요하다는 말이다. 이와 더불어 신학의 경우에도, 20세기 말까지는 고유한 의미의 여성주의 신학이 나타나지 않았을지라도, 이 여성주의 신학과, 여성주의 신학의 토대나 정체성을 구성하는 요소로 역사 속에서 끊임없이 등장했던 표현 사이의 연속성, 다시 말하면, 여성에 대한 신학적 담론과 각 여성의 하느님 체험 사이의 모순을 강조하는 것이 결정적으로 중요하다. 여성주의가 인본주의인 것과 마찬가지로, 여성주의 신학은 신학이다. 이를테면, 여성주의 신학이

고유하게 요구하는 전제와 일관되어야 하는 소명과 기회를 갖는다. 신학도 인본주의도 여성을 연구의 대상이 아니라 인식과 행동의 주체로 고려하지 않는다면 참된 의미를 가질 수 없다.

여성주의 또는 여성주의 신학의 역사를 분석할 때, 흔히 '여성 논쟁'(querelle des femmes)이라는 이름으로 알려진 근대 초기의 독특한 사회적·문화적 현상을 논한다. 여성 논쟁은 16세기부터 유럽의 여러 장소에서 다양한 방식으로 급증했던 일련의 논의들을 가리킨다. 이 논의의 주제는 남성에 대한 여성의 우월성이었다. 전형적으로 남성인 논쟁가들은 논쟁의 대상인 여성의 재능을 보여 주기 위해 의례화된 행위를 통해 변증법적으로 서로 맞붙었다. 이를테면 한 사람이 여성을 깎아내리고 여성의 모든 천한 행동을 폭로한다. 그러면 다른 사람은 여성의 아름다움을 기리어 칭송하고 여성의 미덕 또는 우월한 도덕적 장점을 추어올리거나 높이 평가한다. 이 모든 것이 특정한 궁정 귀부인에 대한 호의적 시선으로 일어난다. 귀부인은 매우 만족하여 자신을 옹호하는 자에게 박수를 보내고, 감사를 담은 미소로, 자산을 갖고 있는 경우에는 관대한 학문적·예술적 후원으로, 그들의 노력에 보상한다. 적어도 이것이, 이 논쟁과 관련하여 당시 글로 쓰인 수많은 작품에 남아 있는 모습이다. 그러나 나중에 보겠지만, 현실은 이보다 더 다양한 색조를 띠고 있다.[1]

이러한 논쟁이 점차 인기를 누리자, 여성 논쟁은 기존의 문학 장르와 다른 차별화된 장르가 되었다. 여기서 작가(남성)는 가장 뛰어난 궤변가 방식으로 수사학적 기법을 발휘했다. 곧, 여성의 우월성 같은 외면상 아주 불가능한 전제에서 출발하여 작가-남성의 고유한 자질을 보여 주고자 했다. 이런 작품에서 남성적 인물은 영웅이고 여성은 그 안에서 단역을 수행한다.

이 논쟁에서, 상대적으로 널리 유포되어 크게 영향력을 미쳤던 작품 가운데 하나는 1528년에 출간된, 발데사르 카스틸리오네Baldesar Castiglione의 『궁정론』*Il libro del Cortegiano*이다. 이 작품에서 여성 주인공은 남성 논쟁가에게 여성의 우월성에 대한 그의 주장을 여성들이 이해할 수 있는 단순한 언어로 설명해 달라고 요청한다. 또 다른 저자 알레산드로 피콜리미니Alessandro Piccolimini는 한 작품(1540) 서문에서, 여성들이 자신의 우월성을 남성에게 보여 줄 수 있도록 의지할 곳 없는 여성들에게 논거를 제공하는 것이 자신의 의도임을 명백하게 밝힌다. 한편 로도비코 도메니치Lodovico Domenichi의 작품(1549)에서는 여성 주인공이 동료 여성들과 함께 침묵 속에 긴장이 감도는 분위기에서, 여성을 깎아내리는 한 남성 논쟁가의 논증을 들은 뒤, 마침내 다른 남성 논쟁가가 여성을 옹호하기로 결정하자 크게 기뻐하며 하느님께 감사드린다.

이런 식으로 여성 논쟁은 하나의 문학 장르가 되었고, 유럽의 남성들은 이를 통해 초기 근대적 주체의 남성적 정체성을 모색하고 구축했다. 부연하자면, 남성은 자유를 사랑하는 영웅으로서 폭정과 억압을 거슬러 확신을 가지고 열정적으로 싸운다. 그러나 그러한 확신과 열정은 그가 옹호한다고 믿는 사람들을 고려하지 않고, 결국 스스로 폭군과 억압자로 전락한다(이는 아버지를 제거해 그의 자리를 차지하고자 하는 청소년기 남성 심리와 같다).

그럼에도 몇몇 여성은 이 기회를 이용할 줄 알았고, 그럼으로써 자신들의 목소리를 들려주었다. 이 여성들은, 몇몇 남성들이 자신들이 다른 남성들보다 '더 문명화되었다'고 자랑할 목적으로 이야기한 거짓되고 공허한 여성의 우월성에 동의하지 않았고, 결혼 법률과 관습의 개정 또는 여성의 교육받을 권리 등 실제적 형태의 목표를 옹호했다.

16세기 말 모데라타 폰테Moderata Fonte(1555~1592)는 『여성의 가치』*Il mérito delle donne*라는 책을 썼는데, 이 저서는 그녀가 죽은 뒤인 1600년에 출간되었다. 이 책의 주인공들은 결혼과 관련하여 다양한 상황에 놓인 일곱 명의 여성으로, 서로 열정적으로 논쟁을 주고받는다. 각 여성은 자신의 관점을 갖고 있는데, 이 관점은 각자의 경험에 기반을 두고 있고, 실제적 사례를 들어 이 관점을 설명한다. 두 명의 주인공인 (결혼 적령기의 젊은 여자) 코리나Corrina와 (결혼한 젊은 여자) 코르넬리아Cornelia는 강력하게 결혼에 반대하면서, 결혼한 여성에게 강요되는 경제적 착취와 부당한 대우 및 유폐된 생활을 비판한다. 이 책은 또한 많은 여성들이 겪는 성적 학대에 대해서도 비판한다. 한 논쟁에서 코르넬리아는, 남성 논쟁가들이 여성을 옹호했던 것은 자신들의 이해관계 때문이었다고 주장한다. 말하자면 여성들이 남성들의 발아래 무릎을 꿇는 것, 여성들이 "자신의 자유의지와 명예, 영혼과 삶을 남성의 손안에 맡기는 것"을 보려고, 또는 그 결과를 얻으려고 그렇게 했다는 것이다. 폰테는 또한 여성신학에 관해 『예수의 수난』*La passione di Christo*(1581)과 『예수 그리스도의 부활』*La resurrettione di Giesú Christo*(1592)이라는 두 권의 책도 썼다. 이 책들에서 폰테는 자신의 믿음과 심오한 하느님 체험을 드러낸다. 폰테는 고아였고 일곱 살까지 산타 마르타 수도원에서 자랐다. 이 수도원의 장상은 모두 여성이었다. 폰테는 하느님께서 남성과 여성 모두를 사랑하고, 예수가 여성을 신뢰하며 여성들과 우정을 쌓았음을 확신했다. 그리고 당대의 인습적 성 관념에 공개적으로 대결하기 위해 필요한 힘을 이러한 확신에서 이끌어 냈다.

루크레치아 마리넬라Lucrezia Marinella(1571~1653)는 1600년에 여성의 미덕과 남성의 결함에 관해 다룬 『여성의 고결함과 우월함』*La nobittà et eccelenza delle donne*을 출간했다. 이 책은 남성의 미덕과 여성의 결함을 다룬 주세페 파씨Giuseppe Passi의 『여성적 결함』*I donneschi difetti*(1599)에 대한 응답이었다. 마리넬라의 책에는 「남성들이 자신들을 위해 활용하는, 경박하고 공허한 추론에 대한 응답」이라는 제목을 가진 장이 포함되어 있다. 이 장에서 마리넬라는, 남성들이 그들의 아내와 어머니, 누이들을 마치 하녀인 양 여기면서 자신들을 위해서 일하는 여성들을 낭만적으로 찬미하는 위선을 폭로한다. 젊은 시절(29세)에 쓴 이 책에서 마리넬라는 여성을 옹호하던 남성 논쟁가들과 같은 방식을 채택했다. 마리넬라는 71세 때 이 주제에 대한 두 번째 책, 『여성과 다른 이들을 위한 권고』*Essortationi alle donne et a gli altri*(1645)를 출간했다. 이 책에서 그녀는 여성과 남성의 평등을 옹호하고 가족적·사회적 삶을 평등의 원리에 따라 조직하는 것을 방해하는 장애물들을 분석한다. 마리넬라는 또한 성녀들의 전기 형태로 여성주의 신학서를 출간한다. 특히 순교자 골롬바,[2] 순교자 유스티나,[3] 시에나의 성녀 카타리나, 아시시의 성녀 글라라에 관한 책을 썼다. 마리넬라는 이 책들에서 온화함과 수동성, 순종, 희생, 정숙 등 여성 젠더 고정관념에 들어맞는 덕성을 치켜세우는 대신에 이 여성들의 용기와 공적 위업을 칭송한다. 아시시의 글라라의 삶을 성 프란치스코와 함께 서술하면서 두 성인이 서로에 대해 가졌던 존중과 존경을 강조한다. 마리넬라는 또한 여성성의 고정관념과 단절했던 성모 마리아의 삶에 대해 썼는데, 이 책은 그녀의 저서 가운데 가장 대중적인 인기를 누렸다.

결혼한 여성들의 상황에 대한 논의에서 폰테와 마리넬라는, 현실에서 가족 내 불평등의 기본 구조를 변경하지 않은 채 한 세기 넘게 지속된 친여성 담론이 야기한 모순과 고뇌를 표현했다.

이러한 불평등은 오늘날까지도 개선되지 않고 있다. 예를 들면 2001년 바르셀로나에 거주하는 여성 60%가 주 15시간 이상을 집안일에 소비한다고 답변했고 남성의 60%는 7시간 이하라고 밝혔으며, 이 남성들 가운데 절반은 집안일에 전혀 시간을 쓰지 않았다. 반면에 여성들 가운데 절반 이상이 유급 상근 노동(75%)을 하거나 파트타임 노동(25%)을 하면서 그와 동시에 집안일을 했다. 이러한 노동 분배의 경제적 결과는 다음과 같다. 2001년 바르셀로나에서 매달 30만 페세타(약 1800유로) 이상 소득을 올린 사람들의 80%는 남성이었다. 이 자료가 의미하는 바는, 2001년에 바르셀로나 여성들이 남성들보다 두 배 이상 일했으나 그 소득은 절반 이하라는 것이다.

집안일이라는 이름 아래 묶을 수 있는 일들 가운데 다

음과 같은 것들이 있다. 청소와 집 관리, 장보기와 요리, 옷 수선, 가족 약속이나 사교적 약속의 주선, 아이 돌보기, 병자나 노인 보살핌 등이 그러하다. 그중 마지막 항목은, 도움을 필요로 하는 사람이 남편의 부모나 친척일지라도 사실상 여성들이 홀로 감당해야 하는 일이다.[4]

1517년 루터는 그의 유명한 명제를 발표했고, 1545년과 1563년 사이에 트렌토 공의회가 열렸다. 폰테와 마리넬라는 반反종교개혁적 가톨릭 문화 규범이 지배하는 억압적 상황에서 글을 썼다. 16세기에 형성된 가톨릭 윤리적 이상에 따르면, 여성의 삶은 동정, 결혼, 과부라는 세 시기로 틀 지어진다. 여성이 출산이나 임신 합병증으로 죽지 않는 한(폰테는 네 번째 아들을 낳고 며칠 뒤에 37세의 나이로 죽었다), 통상 과부 시기가 시간적으로 가장 긴 단계였다. 당시 관습은 여성이 자신보다 스무 살에서 마흔 살 더 많은 남성과 결혼하는 것이었기 때문이다(폰테의 남편은 그녀보다 세 살이나 적었기에 그녀의 결혼은 예외에 속한다). 르네상스 시대의 인문주의자이자 단테의 작품들을 편집했던 로도비코 돌체Lodovico Dolce(1508~1568)에 따르면, 여성의 삶을 형성하는 세 단계는 다음과 같은 기준에 따라야 한다. 동정 단계의 여성은 아버지나 가장 가까운 남성 가족에 의해 엄격한 통제를 받아야 한다. 결혼 단계의 여성은 결코 주도적으로 나서서는 안 되며 남편의 지시에 성실하게 따르고 자신을 내려놓음으로써 복종해야 한다. 마지막으로 과부의 단계에서는 죽은 남편에 대한 기억을 지속적으로 간직해야 하고 어떤 오락 활동도 삼가야 한다. 이 전통적 모델에 따르면, 가족의 구조와 역동성이 하느님의 계획과 일치되기 위해 여성은 남성, 특히 아버지와 남편에게 복종해야 하고, 남성은 여성을 권위와 친절로 다뤄야 한다. 이상적 어머니와 아내는 어떤 사회적 활동도, 어떤 즐거움도 삼가야 하고, 자신의 문화적 관심사를 여성을 위해 쓰인 종교 서적이나 도덕 서적으로 명백히 제한해야 한다. 또한 여성의 순결을 존중하는 의미로, 공적 영역으로부터 여성을 배제해야 한다.[5]

4
유럽 최초의 여성 전업 작가

베네치아 출신 폰테와 마리넬라에 앞서, 프랑스에 뛰어난 선례가 있었는데, 크리스틴 드 피장Christine de Pizan(1364~1430)이라는 여성이 그 주인공이다. 피장이 태어난 환경은 베네치아의 두 여성과 다를 바 없었으나, 프랑스의 샤를 5세의 인문주의적 궁정에서 성장하며 지적 교육을 받았다. 그녀의 아버지가 궁정에서 의사, 연금술사, 점성술사로 일했기 때문이다. 피장은 15세에 결혼했고, 22세에 세 명의 자식을 둔 미망인이 되었다. 자식 셋과 할머니와 고모의 생계를 꾸리기 위해 문학에 전념했던 피장은 유럽 최초의 여성 전업 작가로 간주된다. 그녀는 41종의 작품을 썼고 마지막 작품은 잔 다르크에게 바친 시집, 『잔 다르크: 운문 연대기』*Jeanne d'Arc: chronique rimée*(1429)였다. 글도 모르는 17세 시골 처녀로서 프랑스 군대를 이끌었던 잔 다르크는 전례 없는 일련의 군사적 승리로 프랑스 영토에서 영국군을 몰아내는 데 성공했으나 이단으로 몰려 화형당해 죽었다. 그녀는 1456년 복권되었고 1920년 성녀로 선포되었다. 잔 다르크를 화형에 처한 실제 이유는 영국의 권력과 야합한 프랑스 귀족과 사제들의 이해관계 때문이었다. 그러나 공식 판결로 그녀를 단죄한 교회 재판소는 그녀가 남성의 옷을 입었고 이런 식으로 하느님이 원한 사회적·도덕적 질서를 문란케 한 죄를 물었다. 피장의 시는 잔 다르크가 처형되기 1년 전에 쓴 것이다(피장은 프랑스 궁정에서 그녀를 봤을 가능성이 높다). 이 시에서 크리스틴 드 피장은, 폰테와 마리넬라가 두 세기 뒤에 주장한 바와 같이, 여성에게 규제를 가한 자도, 여성이 사회나 교회에서 할 수 있는 일에 한계를 정한 자도 하느님은 아니라는 것을 분명하게 주장한다. 피장은 당시의 관습을 거슬러, 남성들과의 공적 논쟁에 정기적으로 참여했고, 문학과 정치, 신학에 대해 논의했다.

1405년 피장은 『부인들의 도시에 관한 책』*Le livre de la cité des dames*[1]을 출간했다. 이 책의 구조는 참석자 네 사람의 논쟁 형태로 되어 있다. 참석자는 저자 자신 외에 세 명의 우의寓意적 여성 인물인 '이성 부인'(miseñora Razón)과 '정직 부인'(miseñora Rectitud), '정의 부인'(miseñora Justicia)이다. 논쟁은 여성혐오에서 파생되는 문제와 여성혐오의 근거 없음에 대해 이야기한다. 주된 주장은 아주 명확하다. 만일 여성들이 남성들처럼, 그리고 피장이 자신의 삶의 독특한 환경 때문에 할 수 있었던 것처럼 공부하고 교육받을 수 있다면, 여성혐오는 더 이상 존재하지 않을 것이란 내용이다. 이 책의 앞 장章들에서 피장은 여러 가지 사례를 들어 문화와 종교와 사회에 널리 퍼져 있는 여성 이미지와 여성들 자신의 경험 사이에 존재하는 모순들을 보여 준다. 그럼에도 이러한 상황이 유지되는 것은 아욱토리타스auctoritas(의무적으로 참조해야 하는 권위 또는 서적)로 간주되는 저서들 가운데 여성이 쓴 책이 한 권도 없기 때문이라고, 피장은 생각한다.

5
카탈루냐 최초의 여성주의 신학자

중세 시대에 교양 있는 여성들의 수가 교양 있는 남성들에 비해 현저히 적었을지언정 아주 없었던 것은 아니다. 영국 휘트비Whitby의 수녀원장 힐다Hilda(614~680)와 널리 알려진 빙엔의 힐데가르트Hildegard von Bingen(1098~1179)가 명백한 사례이다. 힐데가르트 수녀원장은 여성적 비유를 통해 하느님을 이야기하면서, 여성을 깎아내리거나 무시하는 당대의 몇몇 종교적 금기에 분명히 맞섰다. 예를 들면 월경과 관련하여, 힐데가르트는 월경의 피가 여성을 부정不淨한 존재로 만드는 것이 아니라, 오히려 전쟁에서 쏟은 피가 전쟁에 책임 있는 자들을 부정한 존재로 만든다고 주장한다. 힐데가르트는 피장보다 두 세기 전에, 종교적 소명을 가지고 공부에 헌신하면서 자신의 주체성에 대해 깊이 파고들었다. 그렇다고 해서 그녀가 여성에 대한 신학적·종교적 담론과 현실 사이에 (오늘날에도 여전한) 뿌리 깊은 모순이 존재한다는 결론에 이른 것은 아니다. 이처럼 여성의 문제에 대한 비판적 의식이 없었기 때문에, 힐데가르트와 그녀처럼 역사에서 명백히 긍정적 발자취를 남긴 여성들 상당수를 여성주의자로 간주할 수 없다. 그렇다고 해서 힐데가르트가 행하고 글을 쓴 것이 (신학자이든 아니든) 많은 여성주의자들에게 영감을 주지 않았다는 뜻은 아니다. 또한 문제가 사회구조적인 것임을 깨닫지 못했지만, 사회가 그녀들을 규정하는 한계 안에 안주하지 않고 이런저런 방식으로 그 한계를 뛰어넘고자 한 많은 여성들에게 영감을 주지 않았다는 뜻도 아니다.

당대의 규범이나 종교가 규정하는 바와 같은, 여성성에 대한 고정관념을 깨거나 깨려고 노력하는 모든 여성을 다 여성주의자라 부를 수는 없다. 여성주의자라는 말은 문제가 특정 개인이나 고유한 상황을 뛰어넘는다는 사실에 대한 자각을 전제한다. 크리스틴 드 피장, 나지안주스의 그레고리우스, 비구니 선사 말산요연末山了然 그리고 아빌라의 데레사를 시대를 앞서간 여성주의자라 부를 수 있다. 이들은 여성의 문제를 자각하고 이 문제에 대해 비판적 견해를 보여 준 작품을 남겼기 때문이다. 나아가 나지안주스의 그레고리우스와 비구니 말산요연末山了然, 아빌라의 데레사를 여성주의 신학자로도 볼 수 있다. 이들은 여성의 문제를 자각하고 여성의 예속에 반대하는 입장을 보였을 뿐만 아니라, 자신들의 삶을 신학에 헌신했고, 하느님의 뜻 그리고 자신이 속한 종교의 진정한 전통의 뜻은 이러한 예속에 반대하는 것이라고 해석했다.

이렇듯 정확한 의미에서 또한 온전한 여성주의 신학자로 간주할 수 있는 또 다른 사람은 스페인 트리니다드 데 발렌시아Trinidad de Valencia의 글라라회 수녀원장, 이사벨 데 비예나Isabel de Villena(1430~1490) 수녀이다. 이사벨 수녀는 중세 카탈루냐 문학 최초의 위대한 여성이다. 당대의 『티란트 로 블랑크』Tirant lo blanc[1]보다 더 큰 인기를 누린 작품인 『그리스도의 삶』Vita Christi의 지은이이다. 당시 막 발명된 불안정한 인쇄술(1477)에도 불구하고, 이사벨 데 비예나의 책은 30년 동안 세 개의 서로 다른 판본이 나왔다(1497년과 1513년 발렌시아, 1527년 바르셀로나). 이 세 판

본은 본문을 아주 정성스럽게 편집했고 귀중한 목판화를 곁들였다. 15~17세기 사이에 유럽에서 여러 저자들이 『그리스도의 삶』이라는 책을 썼는데, 그 가운데에서 이사벨 데 비예나의 책이 오늘날 가장 뛰어난 문학적·신학적 가치가 있는 것으로 평가된다. 이 책은 성경 및 교부 문헌과 스콜라 철학을 풍부하게 인용하면서, 탁월한 라틴어 지식과 더불어 가장 뛰어난 중세적 명상meditatio 방식으로 깊이 있는 해석을 보여 준다. 문학적 관점이나 신학적 관점에서 예수와 함께 살았던 여자들, 특히 그의 어머니나 마리아 막달레나를 주인공으로 삼는 점이 돋보인다. 이사벨 수녀는 예수의 입을 빌려 여성혐오와 여성혐오자들을 비판하고, 여성의 지적·영성적 능력을 옹호한다. 수녀원장이 이 주제를 자세하게 다루면서 여성과 여성의 능력 편에 서서 증언하는 데에는 아주 구체적인 동기가 있다. 수녀원의 의사가 바로 하우메 로이그Jaume Roig라 불리는 여성혐오자였기 때문이다. 로이그는 오늘날 그의 저서로 널리 알려졌고, 이사벨 데 비예나와 달리 중세 카탈루냐 문학을 다루는 대부분의 대학 강좌에 등장한다. 로이그의 책은 『거울 혹은 여성의 책』*L'Espill o Llibre de les dones*(1460)이라는 제목으로도 알려졌으며, 중심 주제는 (저자의 어머니와 성모 마리아를 제외한) 모든 여성이 본질적으로 인색하고 이성적으로 사고할 줄 모른다는 것이다. 이 책은 당대에 커다란 성공을 거뒀으며, 몇 년 사이에 세 차례나 재출간되었다.

6
근대성과 마녀사냥

그 당시 가톨릭교회의 공식 입장은 이사벨 데 비예나의 견해보다는 하우메 로이그 쪽에 더 가까웠다. 이사벨 수녀가 아직 살아 있었고 그녀의 책 『그리스도의 삶』이 사후 출간되기 10년 전인 1487년, 도미니코회 이단심문관인 인스티토리스Institoris[1]와 슈프렝어Sprenger가 『마녀의 망치』Malleus Maleficarum를 출간했다. 이 책은 앞부분에서 일련의 고전적이거나 동시대적인 여성혐오적 글들을 골라 소개한다. 이 글들은 80년 전에 크리스틴 드 피장이 아주 웅변적으로 주장했던 것에 반하여, 젠더의 고정관념들을 재생산해 냈다. 곧, 남성은 올바르고 합리적인 반면 여성은 이해력이 떨어지고 남성을 유혹하는 존재라는 것이다.

『마녀의 망치』에 서술된 여성혐오감의 주된 원천은 이탈리아 피렌체의 안토니누스Antoninus 대주교(1389~1459)의 『윤리신학대전』Summa theologica moralis이라는 저서인 것 같다. 이 책은 여성의 결함에 대한 방대한 논의를 포함하고 있고, 알파벳순으로 이 결함들을 서술한다. 『마녀의 망치』에서 인용하고 이 책의 모든 판본에 수록된, 교종 인노첸시오 8세의 회칙, 「지대한 열의와 함께 바라면서」Summis desiderantis affectibus(1484년 12월 5일)[2]가 보증하는 글들 가운데, 특히 여성주의 신학의 주제와 관련 있는 것은 사이비 어원론(pseudoetimologia)이다. 이 사이비 어원론에 따르면, '여성'(fémina)이라는 말은 '믿음'(fé)과 '더 작은'(minus)의 조합에서 왔다는 것이다. 이러한 주장에 따르면 '여성'이라는 말은 '믿음이 작은'(de poca fé)이란 뜻이 된다.[3] 『마녀의 망치』 지은이들은 또한 악마에 사로잡힌 여성들을 특징짓는 표지들 가운데 하나가 자연법을 거슬러, 그리고 신의 뜻에 반하여 합리적 토론에서 남성들을 이기는 것이라고 주장한다. 이단심문소의 권한이 커지면서, 특히 반종교개혁(Contrarreforma, 16~17세기) 기간 동안, 『마녀의 망치』는 널리 유포되고 영향력을 넓혀 갔다.

이 책 때문에 이 시기에 여성들이 쓴 많은 신학 책들을 저자들 스스로 불태우거나 그녀들의 고해 사제들의 주도로 불태워졌다.

전근대적인 중세적 우매함과 가톨릭교회의 여성혐오감이 마녀사냥이라는 현상을 낳았다는 견해는, 계몽주의적 합리주의와 그 폭력의 절정기(18~19세기 식민지에서의 대량 살육과 유럽에서의 혁명적 테러, 노예시장의 강화)에 널리 퍼졌다. 그리고 마녀로 간주되어 화형을 당한 여성들의 수가 9백만 명에 이른다는 주장도 확산되었다. 1960년대 근대성이 위기를 맞게 되자 화형당한 마녀의 수에 대한 어림값을 다시 산정했다. 그 결과 그 숫자는 9백만에서 10만으로 줄어들었고, 박해의 원인은 사회적 변화와 그때까지 신뢰를 받았던 제도들의 위신이 추락하는 상황에 따른 초기 근대적 주체의 불안감 탓으로 보았다. 21세기 초에 들어, 화형당한 마녀의 수에 대한 어림값은 다시 2만 5천 명으로 줄어들었다. 그 원인으로, 70년대의 견해들을 받아들이고 교회 내 여성혐오감이 존재했음을 부인하지 않으면서, 남성적 정체성을 수립하는 데 맞닥뜨렸던 심리적 어려움, 그리고 남성이 자신의 환영(fantasmas)과 두려움을 어머니의 상징인 여성에게 투영하려는 경향을 들었다. 우리는 흔히 자유의 모순을 떠안을 수 없을 때, 우리의 의지를 거슬러 우리를 억누르는 것에 대하여 어머니(여성) 탓으로 돌리는 경향이 있다.[4] 객관적 자료에 기반을 두어, 다음과 같이 말할 수 있다.

- 고高중세[5]에 마법에 대한 고발은 드물었다.
- 마법에 대한 고발은 성(sexualidad)이 아니라, 폭풍우나 우박, 흉작 등과 관련 있었다.
- 이러한 고발은 대개 처벌로 이어지지 않았다.
- 여성 대 남성의 비율은 대략 반반이었다.

그런데 근대에 들어서면서 상황은 달라졌다.

- 유럽에서의 진정한 마녀사냥이라고 이름 붙일 수 있는 사건이 처음으로 일어났다.
- 마녀라는 인물은 여성의 성적 욕망, 남성을 지배하려는 욕구와 관련 있었다.
- 대부분의 고발은 처벌로 이어졌다.

- 고발된 자와 처벌된 자들 가운데 [희생자의] 여성 대 남성의 비율은 80%를 넘었다(일부 지역에서는 이 비율이 95%에 이르렀다. 독일 남부의 몇몇 작은 마을에서는 여성이 고작 한 명 정도 살아남거나 그조차 살아남지 못한 경우도 있었다).

이단심문이 더 강력했던 나라들(스페인과 이탈리아, 포르투갈)은 마녀에 대한 처벌이 상대적으로 더 적었다. 마녀에 대한 처벌은 프랑스와 네덜란드, 라인강 유역, 이탈리아 북부와 알프스 지역에서 특히 더 많이 이뤄졌다(1692년 미국 매사추세츠주 세일럼에서의 마녀사냥과 같은, 식민지 지역에서의 마녀사냥도 잊어서는 안 된다). 도시에서 도망친 사람들 가운데 일부가 피난처로 삼고자 했던 알프스 지역을 예외로 한다면, 마녀사냥이 더 강력하고 잔인했던 지역은 유럽에서도 상대적으로 더 부유하고, 인구가 많고, 역동적이고, 지적으로 진보한 곳이었다. 곧, 근대성이 태동하기 시작한 지역이었다.

1972년 중세 역사 전문가인 제프리 러셀Jeffrey Russell은 로웨Lowe의 주장에 의존해 이 현상을 설명했다.

주체가 탈제도화 때문에 새로운 상징적 질서를 세우기 위해 자신의 자원을 사용해야 할 때, 그는 그 과제가 자신의 지성과 감성으로는 무척 어려운 일임을 깨닫게 된다. 주체는 낡은 제도로부터의 자유를 요구하나, 동시에 새로운 상징체계를 세우기 위해 자신의 자유를 사용하고자 할 때, 자신의 한계에 좌절감을 느낀다. 그 결과, 자신을 세계 안에 다시 자리매김할 수 있도록 하는 대안적 상징체계를 발견하거나, 그렇지 않으면 허무주의나 아노미적 절망, 폭력, 반동적 열광으로 퇴행한다. 제도의 붕괴로 배신감을 느낀 주체는 체제에 더 직접적인 방식으로 반대하는 그 이념들에서 진리를 발견할 수 있다고 생각하기 때문이다.[6]

의심할 나위 없이 중세 유럽을 지배한 제도였던 가톨릭교회가 분열하자, 근대 마녀사냥과 관련해 더욱 결정적인 사실 하나가 드러났다. 1378년부터 1416년에 이르는 기간에, 유럽에는 대립하는 두 명(또는 심지어 세 명)의 교종이 공존했다. 당시 교회는 누가 정당한 교종인지에 대한 합의를 이끌어 내지 못했다. 시에나의 성녀 카타리나는 로마의 교종 우르바노 6세를 옹호했다. 비센테 페레르 Vicente Ferrer[7]성인은 아비뇽의 클레멘스 7세 교종의 편에 섰다. 유럽의 군주들은 제각각 편의에 따라 어느 한쪽 편을 들었고 그 분열이 거의 40년 동안 이어졌기 때문에, 일반 백성은 엄청난 혼란을 겪었다. 교황령이나 왕국들은 여러 차례 주인이 바뀌었고 동맹은 몇 번이고 당파를 바꾸기도 했다.

이처럼 권위가 심각한 위기에 빠진 상황에서, 당시 유럽에서 가장 명망 있는 지적 중심지였던 파리 대학은 1398년 9월 19일 다음과 같은 세 가지 사항을 엄숙히 선언했다. 곧, 마법은 효과가 있고, 마법에는 자연적 마법과 초자연적 마법 두 가지 형태가 있으며, 초자연적 마법은 늘 악마와의 계약을 함축한다는 것이다. 이러한 관점은 중세적 잔재와는 거리가 먼 새로운 것이었고, 교회가 당시까지 『공식 법령집』*Canon Episcopi*의 권위에 따라 옹호했던 것 그리고 교회 첫 공의회 가운데 하나인 314년의 안키라Ancira 공의회가 보증한다고 (잘못) 생각했던 것과 모순된다.

파리 대학의 이러한 명백한 규정으로부터 한 세기가

지난 뒤, 『마녀의 망치』 지은이들은 우리가 앞서 보았던 여성혐오적 생각들을 덧붙였다. 그리고 이러한 생각들이 시간이나 공간에서 아주 먼, 다른 마녀사냥에서 재생산되는 것 또한 볼 수 있다. 탄자니아에서는 1970년부터 유럽 근대의 마녀사냥과 비슷한 일이 벌어지고 있다. 이 현상은 부족들의 전통적 삶이 해체되면서 시작되었다. 탄자니아는 국가의 '근대화'를 위해 필요한 첫 번째 걸음으로서, 1963년에 부족적 사법 행정 체계를 폐지한 법을 반포했다. 2005년 기준, 1970년부터 탄자니아에서 처형된 마녀의 총수는 3만여 명으로 추산된다. 이 수는 유럽의 사례에 대한 현대적 평가치보다 더 많은 것이다. 이 가운데 80%가 넘는 사례가, 유럽의 선례와 동일하게 여성들을 마법으로 고발하고 처형하였으며, 이들은 혼자 살거나 사회적으로 기대되는 행동에 적응하지 못한 여자들이었다.[8]

자신들의 불안감 또는 두려움을 우선적으로 여성에게 투영하는 것은 단지 남성들만이 그러하는 것이 아니라, 역사적으로 되풀이되는 현상이다. 남성이든 여성이든 우리는 우리들의 근본적 정체성에 영향을 끼치는 좌

절감을 어머니의 상징인 여성적 인물에 투영하는 경향이 있다. 우리는 여성-어머니에게서, 그녀들이 우리의 문제를 해결하고, 우리가 안전하고 보호받고 있음을 느낄 수 있도록 해 주길 기대하는 동시에, 다른 한편으로 그녀들이 우리의 필요를 이용하고 우리를 지배하고자 한다고 두려워한다.

마녀사냥이 이루어지는 동안 독일어권에서는 '여박사 지만'(doctora Siemann, 이 말을 문자적으로 옮기면, '여박사 그녀-남성'일 것이다)이라는 문학적 인물이 대중적 인기를 누렸다. 여박사 지만은 남성의 자리를 차지하고자 하는, 다시 말하면 남성을 지배하고자 하는 여성을 상징한다. 당시의 조각이나 판화, 삽화, 시, 풍자문학, 도덕적 우화에서 여박사 지만은 남성들로 하여금 자신 앞에 무릎을 꿇고, 돈지갑과 더불어 코키야coquilla(부유한 남성들이 생식기 부분을 가림과 동시에 강조하는, 당시 유행하던 딱딱한 장신구)를 그녀에게 넘기도록 강요한다.

『마녀의 망치』는 여러 부분에서 마녀의 주요한 기능 가운데 하나를 상세하게 다룬다. 그 기능은 음경을 쓸모없는 것으로 만들거나 심지어 사라지게 하는 것이다. 당시 가장 인기 있던 이야기 가운데 하나는 동정녀를 사랑했으나 실패한 남자의 이야기로, 글이나 이미지로 끊임없이 재생산되었다. 동정녀를 사랑하는 남자는 만나 달라고 그녀에게 청하고, 동정녀는 한밤중에 비밀리에 자신을 방문하도록 허락한다. 그는 동정녀의 지시에 따라 당당하게 바구니 안에 들어가 그녀의 방 창문까지 끌어올려지지만 창문은 열리지 않고 그대로 방치된다. 이튿날 구애자는 동정녀의 방 창문에 대롱대롱 매달린 바구니 안에서 발견되고, 모든 주민의 웃음거리가 된다. 주민들은 매달려 있는 그를 보면서, 그가 동정녀에 의해 조롱당했음을 알게 된다. 동정녀의 아버지의 동의 아래 구애자에게 강요되는 처벌은 그의 성기를 공개적으로 노출시키고, 마을의 모든 주민이 각자의 집에 필요한 불을 그의 노출된 성기로부터 얻도록 하는 것이다.

    시카Zika는 이 일화에서 중요한 한 가지 세부 사항에 주목한다. 더 오래되고 삽화가 있는 판본에서는 동정녀가 남자의 처벌에 부끄럽고 창피해하는 모습을 보이는 반면, 17세기 판본들에서는 아주 뻔뻔스러운 모습을 보이면서 상황을 지배하는 것처럼 보인다는 것이다.

이 후기 판본들에서 남자가 굴욕을 당하는 장면은 '수치스런 입맞춤'(osculum infame)을 떠올리는, 신하 됨(vasallaje)을 보여 주는 행위로 바뀐다. '수치스런 입맞춤'은 마녀나 다른 이단들이 악마와의 협정을 날인할 때 행한다고 알려진 의식으로, 그 내용은 악마의 성기나 항문에 입을 맞추는 것이다. 독일 르네상스기의 핵심 인물 가운데 한 사람으로, 뒤러Durero9의 제자이자 에스트라스부르고Estrasburgo시의 고문이었던 화가 한스 발둥 그린Hans Baldung Grien(1484~1545)의 작품들에서, 마녀는 명백하게 성적인 인물, 특히 풍속을 어지럽히는 성적 인물이다. 마녀들은 남성의 욕망에 봉사하지 않는 에로티시즘을 표현한다. 완전히 벌거벗고 다니나 스스로 자기 몸의 주인이기에 그 몸을 제공하지 않는다. 구경꾼들을 무시하거나 그들을 도전적으로, 조롱하는 눈으로 바라본다. 음란한 자세를 취하고 그녀들끼리 놀이를 한다. 성기에서 다양한 에너지(vapores)를 발산하고 서로 성적으로 자극한다. 그녀의 성기에서 나오는 불로, 남성에게서 거세한 성기를 상징하는 순대(longaniza)를 굽는다. 또한 고야Goya의 판화집, 『로스 카프리초스』los Caprichos(변덕들)에서, 시카

Zika가 성적 환타지와 남성적 주체성의 두려움과 연관 있다고 간주한, 이 같은 요소 일부를 발견할 수 있다.

로웨Lowe의 견해에 따르면, 허무주의적이거나 광신적인 아노미나 폭력을 극복하려면 새로운 상징적 질서를 구축해야 한다. 낡은 그리스도교 세계를 대체하기 위해 유럽에서 틀을 갖추며 태동하기 시작했던 상징체계는 인문주의라는 이름으로 나타났다.

이 사상의 중요한 주창자 가운데 한 사람은 발렌시아 출신의 후안 루이스 비베스Juan Luis Vives(1492~1540)이다. 그는 네덜란드 로테르담의 에라스무스와 토머스 모어의 친구였고, 유럽 전체에서 가장 영향력 있던 라틴 문법책의 지은이이다. 1542년, 비베스는 장차 영국의 여왕이 될 메리 튜더(메리 1세)에게 바친,『그리스도교 여성 제도론』 *De institutione femina christiana*이라는 책을 출간했다. 메리 튜더가 아직 어린아이였을 때, 비베스는 그녀의 어머니, 곧 헨리 8세의 첫 부인인 아라곤의 캐서린의 의뢰로 그녀에게 라틴어를 가르쳤다. 이 책에서 비베스는 신의 뜻에 따라 남성에게 복종하는 여성에 대한 고정관념을 되풀이해서 말하고 있으나, 색다른 것은 어떤 사회 계급에 속하든 모든 젊은 미혼 여성들은 라틴어를 포함하여 사려 깊은 교육을 받을 필요가 있다고 강조한 점이다. 비베스는 여성의 지성이 남성의 지성과 동등한 것이라고 확신한다. 그는 결혼에서는 지적 동행이 출산보다 더 중요하다고 여긴다. 비베스는 여성의 교육이 단지 그녀에게만 좋거나 부부의 조화를 유지하기 위해 좋은 것이 아니라, 사회와 국가의 공동선을 위해서도 유익하다고 주장한다.

비베스가 신의 뜻에 대한 존중으로 그리스도교 여성은 남편에게 복종해야 한다고 옹호한 것과 관련하여, 그가 교회의 공식적 교의를 거스르는 생각을 표현했을 때 자신에게 닥칠 결과에 대한 두려움으로 어느 정도까지 자기 검열을 했는지에 대해서는 알 수 없다. 비베스의 가족 대부분은 개종한 유대인(이른바 '마라노'marranos. 마라노들은 개종 이후에도 계속해서 비밀리에 원래의 종교에 충실했다)이라는 이유로 발렌시아 거리에서 화형당했다. 이들은 집 안에 몰래 차린 회당에서 모였고 비베스는 그 집에서 17세까지 살았다. 17세가 된 비베스가 사촌의 공개 처형을 목격한 직후 그의 아버지는 자식을 이단심문으로부터 구하기 위해 파리로 유학을 보냈다. 비베스의 아버지와 할 아버지는 1524년과 1530년에 각각 산 채로 화형당했다. 1508년에 죽은 그의 어머니의 무덤은 파헤쳐지고 그 유해는 공식적으로 이단으로 단죄받아 나중에 불태워졌다.

7
아빌라의 성녀 데레사와 그녀의 학교

그리스도교 여성 신자 교육에 관한 비베스의 책이 출간되고 40년 뒤, 비베스처럼 유대교 개종자(marranos)의 후손인 성녀 데레사(1515~1582)는 『완덕의 길』*Camino de perfección*(1589)이라는 책을 썼다(데레사의 할아버지는 자기 삶을 끝장낼 수도 있었던 이단심문 이후에 톨레도로 이사했다). 1567년 이전에 쓰인 것으로 추정되는 이 책은, 이사벨 데 비예나와 모데라타 폰테의 책과 마찬가지로, 성녀 데레사가 죽은 뒤에도 출간되지 않았다. 또한 사전 검열로, 2장(40쪽)에서 인용한 비판적 구절들이 몇몇 판본에서는 사라졌다.

1970년 교종 바오로 6세는 성녀 데레사를 시에나의 성녀 카타리나와 함께 교회 박사로 선포했다. 가톨릭교회 역사상 처음으로, 교회 전체를 대상으로 한 신학 교수

(maestría)의 은사를 하느님이 여성에게 주었음을 공식적으로 인정한 셈이다. 그러나 그로부터 40여 년이 지난 오늘날에도 여전히, 성녀 데레사 축일에 관례적으로 행하는 전례는 교회 박사로 선포된 다른 두 여성(1970년 시에나의 성녀 카타리나, 1977년 리지외의 성녀 데레사)의 축일 전례와 마찬가지로, 동정녀의 전례일 뿐 박사의 전례가 아니다. 박사의 전례 미사 입당송은 다음과 같이 기도한다. "의인의 입은 지혜를 자아내고 그의 혀는 올바른 것을 말하네" 또는 "주님이 그를 지혜와 지식의 영으로 충만하게 하시어, 회중 가운데에서 그의 입을 열어 주시고, 영광의 옷을 입혀 주셨네"(집회 15,5) 또는 "의인의 입은 지혜를 자아내고 그의 혀는 올바른 것을 말하네. 하느님의 가르침 그 마음에 있네"(시편 37,30-31). 한편 동정녀 전례 미사의 입당송은 다음과 같다. "하느님께서 그녀 안에 계시기에, 그녀는 떨지 않을 것이네. 하느님은 그녀를 당신의 시선으로 보호하시네"[1] 또는 "이 슬기롭고 지혜로운 동정녀는 등불을 밝혀 들고 그리스도를 맞으러 나갔네". 다른 입당송은 이러하다. "기뻐하고 즐거워하세. 만물의 주님이 거룩하고 영광스러운 이 동정녀를 사랑하셨네", "그리스도의

신부는 어서 와 화관을 받아라. 주님이 너를 위하여 영원한 화관을 마련하셨다". 마지막으로 이런 입당송도 있다. "총각들과 처녀들도, 노인들과 아이들도 함께 주님의 이름을 찬양하여라. 그분 이름 홀로 높으시다. 그분의 엄위, 땅과 하늘에 가득하고 …"(시편 148,12-13).

입, 지혜, 혀, 법, 회중, 말, 지성, 명예, 올바른 것, 마음, 가르침 등은 박사(남성)와 관련된 말이고 표현이다. 보호받는 것, 시선을 받는 것, 동반을 받는 것, 유혹에 굽히지 않는 것, 현명하고 사려 깊은 것, 그리스도를 영접하러 나가는 것, 등불을 꺼뜨리지 않는 것, 축성받는 것, 사랑받는 것, 성스러움, 영광, 그리스도의 배우자, 왕관과 하느님 찬미는 동정녀(여성)와 관련된 말이고 표현이다.

성녀 데레사의 글을 보면, 그녀가 오늘날 여성주의가 정의하는 바와 같은 방식으로 여성의 문제를 온전히 자각하고 있음을 명백히 알 수 있다.

• 유력한 사회적 · 문화적 · 종교적 체제는 여성을 사적 영역에 가두고, 여성이 공적 영역에 접근하는 것을 어렵게 하고 가로막는다.

- 이것은 많은 여성들의 의지와 재능, 자연적 경향을 거스르고, 따라서 부도덕한 것이다.
- 이것은 결국 사회 전체에 손실을 준다.
- 비록 하느님의 공식적 지상 대리자들이 아무리 그렇게 설교할지라도, 하느님은 이것을 좋아하지도 축복하지도 않는다.

성녀 데레사는 여성들을 사랑했고, 여성들과 그녀들의 가능성을 믿었으며, 그녀가 죽은 이후에도 지속되는 연대와 공동 행동(complicidad)의 끈을 만들었다. 그녀의 가르멜 수녀회 제자들이 쓴 책들은 심오한 하느님 체험, 그녀들의 스승이 보여 준 소중한 영혼의 자유를 표현하고 있다. 복녀 아나 데 산 바르톨로메Ana de San Bartolomé(1549~1626)는 10년 동안 성녀의 개인 비서였고 임종할 때 그녀를 직접 돌보았다. 성녀는 그녀의 손에 머리를 기댄 채 숨을 거뒀다. 아홉 살 무렵, 아나 데 산 바르톨로메는 문맹이었음에도(복녀 아나는 가르멜 수녀원에 들어가기 전까지 읽고 쓰는 것을 배우지 못했다), 자신의 마을을 방문해 설교한 대주교의 강론이 너무 형편없어 크게 실망했다는 소회를 밝혔다. 그때 그녀는 마음속으로, 만일 자신에게 강론할 기회가 주어진다면 그보다 훨씬 더 잘 할 수 있을 거라고 생각했다.

> 거기에 위대한 설교자가 왔다. … 나는 그가 대단한 것들을 이야기하리라는 큰 기대를 품고 들으러 갔고 … 그러나 그 선한 남자가 말한 내용은 내가 보기에 거의 보잘것없는 것이었다. … 그래서 혼자 중얼거렸다. 울고 싶다, 주교가 설교를 제대로 못해서. … 만일 내가 설교할 수 있다면, 내가 느끼는 바에 따라 훨씬 더 잘 설교했을 텐데 ….[2]

아나 데 산 바르톨로메는 벨기에 안트베르펜(복녀 아나는 이곳에서 77세까지 살았고, 그녀가 만난 모든 이의 존경을 받았다)에 있는 가르멜 수녀원을 창립했고 수녀원장을 지냈다. 그녀는 당시 개신교 지역에서 독실한 여성들 상당수가 교회회의에서 발언하고 하느님의 말씀을 설교한 사실(나중에 이에 대해 살펴보겠지만, 지역에 따라 서로 다른 결과를 빚었다)을 알지 못한 상태에서, 그녀들과 같은 소명과 갈망을 표현했다.

반종교개혁적이었던 스페인에서는, 이사벨 데 헤수스Isabel de Jesús(1586~1648)가 아우구스티누스 은수자회의 수녀가 되기 전에, 하느님이 자신을 설교자로 부르심을 느꼈다.

> 어느 날 주님이 내게, 설교해야 한다고 명하셨으나 … 당시 관습에 따라, 자칫 실수를 하지 않도록 먼저 고해 사제들의 의견을 물었다. … (내 고해 사제는) 주님이 설교를 위해 남자들에게 준 것보다 더 큰 권능을 내게 주지 않았다고 대답했다.[3]

성녀 데레사 역시 고해 사제의 명으로 아가 주해서를 불태웠다. 그녀의 제자이자 로페 데 베가Lope de Vega[4]의 딸이요, 문학적으로 더 뛰어난 자질을 지녔던 삼위일체 수녀회의 마르셀라 데 산 펠릭스Marcela de San Félix도 같은 이유로 자신이 쓴 다섯 권의 수고手稿 가운데 네 권을 불태웠다. 19세기에 들어와서도 그나마 남아 있던 유일한 한 권의 몇몇 구절조차 검열에 걸렸다. 검열된 부분은 약

500여 쪽에 이르고, 비꼬는 투로 묘사한 수녀의 모범적 삶에 관한 글, 다양한 시와 극작품이 포함되어 있다. 비베스의 일화에서 봤던 것처럼, 또 나중에 살펴보게 될 마리아 데 아그레다María de Ágreda의 사례에서 알 수 있듯이, 이단심문소의 위협은 아주 실제적인 것이었다. 성녀 데레사와 그녀의 여러 제자는 자신들이 갖고 있던 이념 때문에 단죄받고 대체적으로 오랜 기간을 감옥에 갇히기도 했다. 성녀 데레사가 말했던 것으로 알려진, "지혜로운 고해 사제 한 명이 성인보다 더 가치 있다"라는 표현은 이러한 맥락에서 이해할 수 있고, 또한 복녀 아나와 수녀원장 마리아 데 산 호세María de San José의 전략을 이해하는 데 도움을 준다.

> 나는 나머지 사제들에게 아무것도 말하지 않는다. 그들은 우리들보다 자기들끼리 더 좋아한다. … 이것, 태워 버려라, 아무도 그것을 보지 않는다. … 이것들은 단지 우리들만을 위한 것(이다).[5]

남성들이 그러한 것처럼, 여성들도 자신들의 수녀원장

이나 여성 스승들의 미덕과 좋은 작품들을 기억할 의무가 있다. 특히 그 미덕과 작품들을 전달하는 그녀들만이 알 수 있는 것, 부득이하게 남성들에게 감춰진 것들에 관하여 … 만일 남성들이 그 작품들을 쓴다면, 우리는 곧잘 그것을 미심쩍게 생각하고, 동시에 그것은 우리에게 피해를 줄 것이다.[6]

마리아 데 산 호세(1548~1603)는 14세 때 성녀 데레사를 만났다. 당시 데레사는 47세였고 이제 막 그녀의 개혁을 시작한 무렵이었다. 마리아는 22세에 가르멜 수녀회에 들어갔다. 다른 여러 직책을 수행하면서도 세비야 수녀원을 설립했고 원장으로 활동했다. 그녀는 세비야에서 1년 동안 데레사와 함께 살았다. 성녀 데레사가 마리아 데 산 호세에게 쓴 64통의 편지가 남아 있다. 이 편지들에서, 데레사는 그녀에게 커다란 존중과 존경을 표현한다. 마리아는 그녀의 스승과 마찬가지로, 수차례 중상모략의 표적이 되었고 감옥에 갇히기도 했다. 완화된 규칙을 따르던 가르멜 수도회los carmelitas calzadoos뿐만 아니라, 성녀 데레사의 죽음과 그라시안Gracián[7]의 추방 이후 도리아Doria[8](1593년 맨발의 가르멜회los carmelitas descalzos가 독립 수도회를 선언한 이후 이 수도회 최초의 총장을 지냈다)를 따르는 맨발의 가르멜 수녀회에 의해서도 탄압을 받았다. 마리아 데 산 호세는 55세 때, 도리아가 도입한 개혁을 거슬러 성녀 데레사의 회헌(constituciones)을 옹호했다는 이유로, 수녀회로부터 멀리 떨어진 외딴 집에서 맨발의 수도회 수사들의 죄수로 죽었다. 도리아의 개혁은 성녀 데레사의 정신을 거스르는 것으로 다음과 같은 내용을 규정하고 있다.

- 수녀는 고해 사제를 선택하거나 거부할 수 없다.
- 수녀들은 어떤 공동체적 오락을 해서도 안 된다.
- 수녀들은 제정된 규범에 따라 기도해야 하고, 자신의 경험이나 감정에 따라 자유롭게 기도해서는 안 된다.
- 수녀원장은 영적 스승의 기능을 수행하지 않고, 수녀원에 배정된 영적 지도 신부의 대리인(delegada)으로 그 역할을 제한해야 한다.

도리아의 개혁은 창립자의 저서와 의지를 압도해 버렸다. 그 결과 성녀 데레사의 회헌은 그녀가 죽은 지 20년

밖에 지나지 않은 시점에, 일부 본질적 요소들이 훼손되었다.

8
성모 마리아에 대한 주체적 해석

고해 사제들이 수녀들의 삶과 신학적 작업에 강제성을 부여한 결과는 마리아 헤수스 데 아그레다María Jesús de Ágreda(1602~1665) 수녀의 사례에서도 잘 나타난다. 마리아 헤수스 데 아그레다 수녀는 '바로크 시대의 성녀 데레사', '소리아Soria[1]의 존자尊者', '푸른 옷의 부인'으로도 알려졌다.

　마리아 헤수스 데 아그레다는 25세부터 죽을 때까지 글라라 수녀원의 원장이었다. 이 수녀원은 그녀의 어머니가 두 딸과 고모, 조카, 몇몇 독실한 마을 여자들과 함께 창립한 것이다. 그녀의 아버지는 두 아들과 삼촌, 남자 조카들과 함께 프란치스코 수도회 회원이 되었다. 마리아 헤수스는 4세 때 디에고 데 예페스Diego de Yepes 주교로부터 견진성사를 받았다. 디에고 데 예페스 주교는 전기 작가이자 성녀 데레사의 마지막 고해 사제였다. 마리아 데 아그레다는 성녀 데레사나 루이스 비베스처럼, 개종한 유대인 가정 출신이었다. 그녀의 책, 『하느님의 신비한 도시』*Mística ciudad de Dios* 초판본(그녀의 남성 후견인들의 검열 때문에 그녀가 죽은 뒤인 1670년에 출간되었다)은 고해 사제의 명으로 젊은 시절에 쓴 것이다. 그러나 몇 년 뒤에 그녀의 또 다른 고해 사제의 명으로 그녀 스스로 이 책을 전부 태워 버렸다. 이 고해 사제는 하느님이 그렇게 중요한 일에 여성을 선택하지 않았을 것이라는 확신에서 그런 명령을 내렸다. 나중에 그녀의 첫 번째 고해 사제가 그녀에게 다시 그 책을 쓰도록 명했다. 그녀는 그 명에 따라 여덟 권의 책을 썼으나, 이번에는 이단심문소의 심판대에 올랐고, 이단심문소는 이 책을 과도한 마리아주의marianismo[2]라는 이유로 단죄하고 금서 목록에 포함시켰다.

이 책에서, 소리아의 존자는 원죄 없이 잉태되신 복되신 동정 마리아 교리를 신학적으로 확립했다. 이 교리는 그 당시에는 아직 가톨릭교회의 공식 교리로 인정받지 못했고, 프랑스의 보쉬에Bossuet 주교와 같은 강력한 반대자들이 있었다(원죄 없이 잉태되신 복되신 동정 마리아 교리가 공식적으로 선포된 것은 1854년이다). 마리아 데 아그레다의 책은 또한 공동 구원자로서의 동정녀 마리아 교의(더 최근에 교종 요한 바오로 2세가 발전시킨 교의), 교회의 공동 창립자로서의 동정녀 마리아 교의를 개진하기도 했다. 겉으로 봤을 때 천진난만하고 아주 참신한 이 책에서는 동정녀 마리아의 입을 빌려 그녀의 삶의 체험, 예수를 출산한 경험을 포함한 예수와의 관계를 설명한다. 이 이야기는 마리아의 주체성, 그녀의 생각과 감성을 전면에 부각시키면서, 그때까지 거의 다뤄지지 않은 신학적 질문과 문제를 제기한다. 이 책에서 동정녀 마리아는 예수를 "하느님의 아들이요 나의 아들"이라고 언급한다. 이러한 표현은 칼케돈 공의회(451)가 정의한 그리스도의 이중적 본성을 명확히 하고 역사적으로 적절한 방식으로 반영한 유일한 그리스도론적 호칭(título)이다.

이단심문소의 공식적 단죄에도, 18세기에 스페인에서 이 책을 출간하는 것이 허용되었다. 이는 아그레다의 수녀원장을 자문으로 임명한 펠리페 4세 왕과 나중에 그를 계승한 왕들의 지속적 주장 덕분에 가능했다. 이 책은 여덟 개 이상의 판본으로 출간되었다. 펠리페 4세와 마리아 데 아그레다 사이의 우정은, 왕이 그녀를 만나고 싶어 수녀원을 방문한 때부터 그녀가 죽음에 이를 때까지 22년 이상 지속되었다. 두 사람 사이에 오간 서신 중 600여 통 이상이 사적 편지였다. 이 편지들은 신학적 주제를 다루는 것과는 별개로 국가의 조직·정치적 전략 문제도 다룬다.

두 사람 사이의 우정은 1650년 마리아 데 아그레다의 생명을 구하는 데 결정적 역할을 했다. 그해 이단심문관들은 그녀에 대한 소문, 다시 말해 공중 부양(levitación)과 '동시에 두 지점에 존재하기'(bilocación) 현상에 관한 소문을 문제 삼으면서, 아그레다 수녀원장을 병상에서 끌어내 감옥에 가두게 했다. 누에바 에스파냐Nueva España[3]에서 그녀가 원주민 후마노족xumanos[4]에게 묵주를 나눠 주는 것을 목격했고, 그녀가 1년 동안 5백 차례 이상 여행을 했다는 말이 떠돌았다.[5] 여기서 '푸른 옷의 부인', '푸른 옷의 수녀'라는 별칭이 나왔고, 오늘날 텍사스와 바하 칼리포르니아Baja California[6]에서는 아직도 그 별칭으로 기억된다. 1630년 알론소 데 베나비데스Alonso de Benavides 신부는 아그레다의 이러한 출현에 대한 역사적 기억을 기록으로 남겼고, 1631년 그녀와 직접 인터뷰하려고 스페인으로 건너가 그녀의 수녀원을 방문했다.

이에 대해 마리아 데 아그레다는 이단심문에서 퉁명스럽게 밝혔다. 자신은 늘 누에바 에스파냐에서 선교사로 활동하기를 원했으나 여성들에게는 허용되지 않았기 때문에, 하느님이 그녀 대신에 천사를 보냈을 것이라고. 그녀는 『하느님의 신비한 도시』와 펠리페 4세에게 보낸 편지 외에 『완덕에 이르는 계단』*Escala para subir a la perfección*, 『일상적 훈련』*Ejercicio cotidiano*, 『영성 훈련』*Ejercicios espirituales*, 『아내의 법』*Leyes de la esposa* 등의 글을 남겼다.

9
교회 검열에 대한 투쟁

마리아 데 아그레다가 누에바 에스파냐에 나타났다는 혐의를 받은 바로 그해, 그 땅에 또 다른 미래의 수녀가 태어났다. 그녀 또한 지적 능력으로 두각을 나타냈는데, 당대의 여성들에게 금지되어 있던 일부 경계를 무너뜨렸기 때문이다. 후아나 이네스 데 라 크루스Juana Inés de la Cruz 수녀(1650~1695)가 바로 그 주인공이다. 그녀에게는 '아메리카의 불사조', '열 번째 뮤즈'[1]라는 별명이 붙었다.

그녀는 서출庶出이라 태어난 날을 명확히 알 수 없다. 아버지는 바스크[2] 출신 군인이고 그녀의 어머니는 유럽계 멕시코인이었다. 후아나 이네스 수녀는 네 살 때 글을 배우고 여덟 살에 라틴어 책들을 포함하여 외할아버지 서재를 섭렵한 뒤, 대학에 들어가기 위해 남장男裝을 허락해 달라고 졸랐다. 그녀는 뛰어난 재능을 보였으나, 당시 여성의 고등교육을 금지했기 때문에 대학에 들어갈 수 없었다. 그래서 후아나 이네스는 청소년기에 부왕청에서 일자리를 얻었고 거기서 교육받을 수 있었다. 18세에 맨발의 가르멜 수녀회에 들어갔으나, 실망을 느끼고 몸까지 아파서 몇 달 뒤에 수녀회를 나왔다. 그녀가 실망하고 놀랐던 이유는, 수녀회 창립자인 성녀 데레사의 정신과 아무런 상관이 없는 가혹한 훈육과 채찍질이 수녀원에서 행해지고 있었기 때문이다. 후아나 이네스는 19세에 히에로니무스 수녀회 수녀가 되었다.

그녀는 바로크적 스페인어와 아스테카의 언어인 나와틀어로 된 말과 표현들을 섞어 사용하면서, 많은 시(villancicos)와 노래(canciones)를 썼다. 그녀의 문학작품은 대중과 부왕청에서 함께 살았던 귀족 사이에서 아주 유명했다. 그러나 그녀의 명성이 널리 퍼지자, 가까이 있는 일부 교회 인사들이 그녀에게 표출하는 분노 또한 커져만 갔다. 라구나의 후작 부인(marquesa de Laguna)은 그녀의 친한 친구였고, 남편이 누에바 에스파냐의 부왕이었던 1680년부터 1688년 사이에 그녀를 옹호하는 데 중요한 역할을 했다. 후작 부인 덕에 후아나 수녀는 고해 사제가 공개적으로 그녀를 중상모략했을 때 그와 결별할 수 있었다. 1688년 라구나의 후작 집안이 스페인으로 돌아갔고(후작 부인은 거기서 후아나 이네스의 시집을 출간해 큰 호응을 얻었다), 누에바 에스파냐의 행정은 여성혐오자로 알려진 아기아르 소히아스Aguiar Sojías 대주교의 손에 넘어갔다.

아기아르 소히아스가 누에바 에스파냐에서 세속적·종교적 최고 권력이었기 때문에 표현의 자유, 그리고 교회와 사회 내 여성의 역할에 대해 정치적·신학적으로 커다란 논란이 일어났다. 이 논쟁은 후아나 수녀가 저항할 수 있는 능력의 한계치까지 몰고 갔다. 후아나 수녀는 이 논쟁의 중심에 서 있었고, 비판의 극단을 보여 주는 자들의 표적이 되었으며, 몇몇 사제들의 뿌리 깊은 분노의 대상이 되었다. 대다수 사람들은 침묵했으나 몇몇 사람들은 그녀의 편을 들다가 그녀처럼 비싼 대가를 치러야 했다. 이러한 위기의 발단은 후아나가 쓴 『아테나의 편지』*Carta atenagórica*(1690)였다. 자칭 후아나의 친구인 산타크루스 데 푸에블라Santacruz de Puebla 주교의 요청으로 쓴 이 책을 주교가 후아나 수녀의 동의 없이 출간했다. 주교는 지혜의 여신 아테나에 어울리는 편지라 여기고 책 제목을 그렇게 붙였다.

이 책에서 후아나 수녀는 40년 전에 포르투갈의 저명한 예수회 신부인 안토니오 비에이라Antonio Vieira가 『계명의 설교』Sermón del Mandato에서 주장한 비판적 견해에 대항하여, 성 아우구스티누스, 성 요한 크리소스토무스, 성 토마스 아퀴나스의 신학을 옹호했다. 비에이라 신부의 명성은 당대에 경쟁자가 없을 만큼 드높았다. 그래서 누군가가 신학계에서 두각을 나타내면, '멕시코의 비에이라', '페루의 비에이라' 하는 식으로 해당 신학자가 거주하는 지역 이름을 붙여 부를 정도였다. 비에이라는 포르투갈에서 정치에 뛰어들었고, 프랑스와 네덜란드, 이탈리아에서 외교관 생활을 했다. 후아나 수녀의 논박을 밝히며 설교한 내용에서 그의 오만이 잘 드러난다.

> 먼저 성인들의 견해를 언급한 다음에 나의 의견도 말할 것이다. 그러나 성인들은 이렇듯 다르게, 그리스도의 사랑이 갖는 어떤 훌륭함에 대해서도 말하지 않을 것이다. 나는 이 성인들에 대해 그녀와 다른 어떤 큰 견해도 갖고

있지 않다. 그리고 내가 말할 그리스도의 사랑의 훌륭함과 관련하여, 아무도 이와 동등한 다른 견해를 제시하지 못할 것이다.[3]

후아나가 아주 효과적으로, 그리고 견고한 신학적 성찰로 당대 가장 저명한 사제의 견해를 무너뜨렸다는 사실은 용납되지 않았다. 포르투갈의 몇몇 신학 교수가 그녀의 저서에 감탄하는 찬사를 보냈지만, 그녀에 대한 공격은 잦아들지 않았다. 처음에는 신학적 논의 형태로 부드럽게 시작된 공격이, 학문 영역에서 후아나 수녀의 주장이 견고하다는 사실이 드러나자, 신학을 이야기하고 남성과 토론하기 위해 올바르지 못한 개인적인 자격 미달, 그녀의 불손함 등에 대한 공격으로 옮아갔다. 후아나 이네스 수녀는 여성이 고등교육을 받고 신학을 공부하고 논의할 수 있는 권리를 신중하면서도 확신을 가지고 옹호하면서 공개적으로 응답했다.[4] 트렌토 공의회(1545~1563) 이후에는 수녀들에게 엄격한 은둔생활(후아나 수녀는 19세부터 단 한 번도 수녀원 경내를 벗어난 적이 없었다)만 강요한 것이 아니라, 수녀가 교회와 신학의 공식 언어였던 라틴어를 공부하는 것도 위법으로 간주했다. 후아나 수녀는 답변에서, 서로 다른 목소리의 중요성에 대해 이야기하고, 여성을 배제한 원인을 분석하여, 이 문제를 해결하기 위한 몇 가지 실천적 제안을 한다.

후아나 수녀의 반론을 담은 글이 출간된 뒤, 아기아르 대주교는 더 이상 절대 아무것도 쓰지 말라고 최종 금지령을 내렸다. 이단심문의 위협이 아주 가까워졌다. 특히 당시 누에바 에스파냐 이단심문소의 주主검열관은 몇 해 전에 후아나 수녀가 결별을 선언했던 바로 그 고해 사제였다. 그때는 부왕 부인의 보호에 기대어 결별을 선언했지만, 이제는 부왕 부인이 스페인으로 돌아갔기 때문에 더 이상 후아나 수녀를 옹호해 줄 수 없었다. 반론의 글을 발표하고 2년이 지난 뒤, 후아나 이네스는 자신의 지적 작업을 수도생활보다 더 중요하게 생각한 것에 대해 반성한다고 공개적으로 발표했다. 그리고 4만 권에 이르는 장서를 소장해 당시 아메리카에서 가장 큰 사립 도서관이었던 자기 도서관의 도서와 악기, 수학 도구들을 기증했으며, 글쓰기를 그만두고 오직 가난한 이들을 돌보는 데 헌신했다. 그리고 2년 뒤 수녀원의 병든 자매들을 돌보다가 자신도 감염되어 죽었다. 그녀의 나이 45세였다. 멕시코의 시인 옥타비오 파스Octavio Paz(1990년 노벨문학상 수상자)는 자신의 책, 『후아나 이네스 데 라 크루스 또는 믿음의 덫』*Sor Juana Inés de la Cruz o Las trampas de la fe*(1982)을 그녀에게 헌정했다. 이 책에서 파스는 후아나 수녀가 자신이 쓴 것을 결코 철회하지 않았다고 주장하면서, 그녀가 발표한 성명서 제목은 그녀가 성명서에 날인한 다음에 덧붙여진 것임을 입증했다. 후아나 수녀는 자신의 시 한 구절에서 이렇게 말한다.

> 나는 당신들이 생각하는 그런 사람이 아니오.
> 당신들이 나와 상관없이
> 당신들의 펜으로 다른 존재를
> 그리고 당신들의 입술로 다른 생명을
> 내게 주었던 것이오.

그녀가 죽은 뒤, 그녀의 수녀원 방에 숨겨 두었던 반쯤 쓰다만 시 한 편이 발견되었다고 한다. 20세기에 와서, 표현의 자유를 위한 지속적이고 의식적인 투쟁으로서,

후아나의 공개적 반성에 앞선 2년 동안의 투쟁에 신뢰성을 부여하는 새로운 문서들이 발견되었다. 이렇게 새로 발굴된 문서 가운데, 1691년 후아나 수녀와 그녀의 견해를 지지했던, 하비에르 팔라시노Javier Palacino 신부에 대한 이단심문 기록이 있다. 2004년 페루의 국립 도서관에서는 후아나 수녀와 그녀의 주장을 옹호했던 당시 문서가 발견되었다.

10
17세기 여성 문학 활동의 절정

후아나 이네스 데 라 크루스 수녀의 경우는, 소설가이자 시인인 마리아 데 사야스 이 소토마요르María de Zayas y Sotomayor(1590~1661)가 아주 잘 묘사한 상황에 적절히 들어맞는 예이다. 마리아 데 사야스는 성녀 데레사와 더불어, 스페인 황금기의 또 다른 위대한 여성 작가였고 성녀 데레사처럼 명백한 여성주의 선구자였다.

'마드리드의 시빌라Sibila'[1]라 불렸던 마리아 데 사야스는 로페 데 베가Lope de Vega[2]의 찬사를 받았다. 그녀는 많은 작품을 썼는데, 그 가운데에 뛰어난 심리학적 통찰을 보여 준 '모범 소설'(novelas ejemplares)[3]이 특히 눈에 띈다. 이 소설들에서 사야스는 희극적 상황을 통해서든 드라마적 상황을 통해서든, 남성적 관점에서 정의할 때 생기는 위험에 대해 여성들에게 거듭 경고한다. 그리고 여성들 사이에 실제적 협력과 우정을 키우는 것이 중요하다고 주장한다. 마리아 데 사야스는 17세기 초반에 다음과 같이 썼다.

> 시간이 흐르는데도, 우리는 남성들의 아주 고약한 견해와 함께 살고 있다. 우리는 고통을 받는데도 그들을 이기지 못하고, 양심에 호소해 그들에게 강요하지 못한다. … 세계의 거만한 입법자들이여, 왜 당신들은 우리에게서 문자와 무기를 빼앗고 복수를 위한 우리의 손을 묶어 놓고서 당신들의 거짓된 견해로 우리의 힘을 쓰지 못하게 했는가? 우리의 영혼은 남성들의 영혼과 같지 않은가? … 당신들은 태어날 때부터 우리를 종속시켰기 때문에, 정절에 대한 두려움으로 우리의 힘을 약화시켰고 부끄러움에 대한 신중함으로 이해를 약화시켰으며, 우리에게 칼 대신에 실패를 주고, 책 대신에 바늘겨레를 주었다.

마리아 데 사야스의 작품은 동시대인들 사이에서 큰 성공을 거두었으나 점차 잊혔고, 비판에 의해 무시되었다. 그러나 19세기 말 또 다른 여성, 에밀리아 파르도 바산Emilia Pardo Bazán[4]이 그녀를 문학자로, 그리고 여성주의자로 재발견했다.

17세기 후반, 여성들의 문학 활동은 유럽에서 진정한 의미의 절정을 맞이했다. 1640년부터 1700년 사이에 영국에서만 400여 명의 여성 작가들이 활동했다(그럼에도 이 시기에 출간된 책들의 단 1%만이 여성 작가들이 쓴 것이다). 이 여성 작가들 대부분이, 대다수 남성 작가들과 마찬가지로 여성주의적 관점에서 쓰지 않았고, 남편에 대한 아내의 복종을 옹호했던 보수적이고 종교적인 관점에서 글을 썼다. 이러한 관점은 특히 나이를 먹은 여성들이 자신의 딸, 조카와 손녀들을 대상으로 쓴 교육용 교재에 잘 드러나 있다. 이 교재들의 목적은 젊은 여성들이 "남편과 자식들을 사랑"하는(티토 2,4) 것을 배우도록, 곧 가부장적 가족의 불평등을 거역하지 않고 신의 뜻으로 받아들이는 것을 배우도록 하기 위함이었다.

또한 이러한 불평등과 순종을 거부하는 여성 작가들 사이에서도, 모두가 여성주의적 관점을 가진 것은 아니었다. 당시 작가들의 다양성은 대략 오늘날 우리들 사이에 존재하는 것과 비슷하다. 홀로 저항하면서, 최악의 여성혐오를 드러내는 형용사들을 사용해, 재능이 떨어지거나 제대로 저항하지 못하는 여성들을 무시하는 여성 작가들도 있었다. 또한 남성처럼 되기를 열망하는 여성 작가들도 있었다. 그리고 계급의 관점을 채택하여, 자신을 여성보다는 먼저 귀족으로 간주하는 여성 작가들도 있었다(뉴캐슬의 공작부인 레이디[5] 마거릿 캐번디시Lady Margaret Cavendish, duquesa de Newcastle가 그러한 예다). 오늘날 여성주의라고 부를 수 있는 관점을 채택하는 여성 작가들 가운데, 이 시기에 중요한 역할을 한 작가들을 들자면, 마리 드 구르네Marie de Gournay, 바슈아 메이킨Bathsua Makin, 안나 마리아 판 스휘르만Anna Maria van Schurman, 마거릿 펠Margaret Fell, 메리 아스텔Mary Astell 등이 있다. 간단하고 짤막한 입문서인 이 책에서, 이 여성 작가들 각각의 삶과 방대한 작품을 상세히 살피는 것은 불가능하다. 여기서는 이 여성 작가들이 여성주의 신학에서 갖는 중요성을 강조하면서 간략하게 소개하고자 한다.

11
여성과 남성의 평등성

프랑스 가톨릭 신자인 마리 드 구르네(1565~1645)는 철학자이자 신학자였으나, 통상 그녀가 깊은 우정을 나눴던 몽테뉴(1533~1592) 작품의 편집자나 비평자로 인용되곤 한다. 구르네는 모든 지적 영역과 공공 행정의 영역에서, 그리고 사제직을 포함한 교회 영역에서 여성과 남성의 평등을 옹호했다.

모든 고대국가들은 여성에게 사제직을 부여했고 이 점에서는 여성과 남성 사이에 차이를 두지 않았다. 그리고 그리스도교인들은 최소한 여성이 세례성사를 거행할 능력이 있다고 인정하지 않을 수 없는 것처럼 보인다. 그렇다면, 세례성사를 집전할 능력을 여성들에게 마땅히 부여했다면, 왜 다른 성사들을 거행할 능력은 마땅히 여성에게 부여하지 않는가? 죽어 가는 작은 아이들을 위한 필요 때문에 고대 신부들이 스스로 위험을 무릅쓰고 이렇게 허용할 수밖에 없었다고 생각할 수 있다. 그럼에도 아주 확실한 것은 신부들이 성사 집전(의 규정)을 어기고 훼손시켜 가면서까지, 필요 때문에 올바름을 거슬러 행하는 것이 면죄부가 된다고 믿지는 않았을 것이다. 그 때문에, 여성들이 세례성사를 거행할 능력이 있다는 것을 인정했다는 사실 때문에, 다른 성사들에 관여하는 것을 금지시킨 까닭은 남성들의 권위를 훼손하지 않은 채 유지하고 보존하려는 것이었음이 명백하다. 그것이 남성을 들어 올리기 위한 것이든, 두 성 가운데 한 성을 약화시키고 낮춤으로써 모든 곳에서 성들 사이의 관계에 평화가 자리잡을 수 있도록 하기 위한 것이든 간에 말이다. 확실히 성 히에로니무스는 이 점에 대해 지혜로운 글을 남겼다. 하느님에 대한 봉사와 관련하여, 가치 있는 것은 정신(espíritu)과 교의이지 성이 아니라고.[1]

구르네에 따르면, 예수의 남성성은 우연적인 것이지

본질적인 것이 아니다. 그것은 형이상학적 형태의 이유들이 아니라, 역사적 형태의 이유들로 설명할 수 있다.

> 만일 남성들이 예수 그리스도가 자신들과 같은 성(sexo)으로 태어났다는 사실 때문에 그러한 것을 명예롭게 느낀다면, 이성理性은 단순히 품위라는 것을 그들에게 상기시켜 주어야 한다. 만일 예수 그리스도가 여성이었다면, 낮과 밤 아무 때나 집을 나서, 스캔들을 일으키지 않고 군중과 섞여 그들을 구원으로 이끄는 것이 불가능했을 것이다. 악의惡意를 갖고 있는 유대인들 때문에 특히 그러했을 것이다.[2]

구르네는 또한 남성들과 마찬가지로 여성들도 하느님의 모상에 따라 창조되었다고 강조한다. 사도 바오로가 여성들에게 교회에서 말하지 말도록 엄명한 것을, 여성들에게 유혹당할까 봐 두려워하는 남성들의 취약성(이것은 남성 주체성의 연약함이라는 주제이다) 탓으로 돌린다. 『여성들의 불만』*Grief des dames*(1626)이라는 저서에서, 구르네는 남성들이 여성들의 지적 능력을 진지하게 고려하지 않음을 유감스럽게 생각하고 남성들이 이러한 두려움을 갖고 있다는 것에 주목한다. 다만 구르네는 왜 남성들이 이러한 두려움을 갖게 되었는지 설명하지 않는다. 이것은 쉽게 답할 수 있는 물음이 아니고 어쩌면 21세기만이 이에 답할 준비가 되어 있는지 모르겠다.

구르네는 여성과 남성 사이의 불평등이 양쪽에 다 피해를 주는 결과를 가져오고, 평등이 모든 이에게 더 나은 상황을 제공할 것이라고 확신한다. 그럼에도 대다수 여성들은 남성들이 쓴 것을 읽는 데 관심을 가진 반면에, 대다수 남성들은 여성들이 쓴 것을 읽는 데 관심을 가지고 있지 않다고 지적한다. "심지어 생존해 있는 작가든 서거한 작가든, 우리 시대에 튼실한 문학적 평판을 얻었고, 아주 진지하게 글을 쓰는 작가들 사이에서도, 여성들이 쓴 책들을 일부러 읽지 않으면서도 그 책들을 깔보는 몇몇 작가들이 있다는 것을 알고 있다."[3]

이러한 상황은 그녀가 앞에서 가리킨 바 있는 경제적 불평등처럼 오늘날에도 여전히 지속되고 있다. 여러 나라의 여성 학자 협회나 여성 작가 협회가 문학적·학술적 글이나 작품을 출간할 때, 이름을 밝히지 말도록 요청하는 일이 빈번하다. 흔히 여성의 이름으로 된 작품은 남성의 이름으로 된 작품보다 더 부정적인 형태로 평가받기 때문이다.

마리 드 구르네가 프랑스에서 젠더의 평등을 옹호했다면, 그녀와 동시대인이자 친구이기도 한 바슈아 메이킨Bathsua Makin(1600~1675)은 런던에서 구르네와 같은 일을 했다. 바슈아(밧 세바) 메이킨은 아버지가 운영하던 학교에서 고대어와 현대어를 가르치는 선생이었고, 엘리자베스 공주의 가정교사이기도 했다. 메이킨은 73세 때 다음과 같이 소녀들을 교육할 필요성을 주장했다.

> 만일 누군가가 자만심이 강해, 우리 시대에 지배적인, 영장류 훈련에 만족한다면, 그래서 자신의 딸들이 지식으로 내면을 꾸미는 대신에 인형처럼 옷을 입고 밖으로 나다니길 바란다면, 그렇게 하도록 내버려 두라. 그러나 이 꼭두각시들이 광대들과 결혼하고, 사람들보다는 영장류들이나 시장의 조랑말들과 더 비슷한 한 세대의 비비들(babuinos)을 낳아 기른다고 불평하지 말라. 거의 대부분이라고 할 수도 있는 일부 인간이 짐승의 조건으로 축소

되는 것을 묵인하는 말, 거친 야만인들을 비난하기 위한 말을 나는 갖고 있지 않다.[4]

메이킨은 자신의 저서 서문에서, 만일 여성이 남성에게 복종하길 하느님이 원했다면, 남성들의 이성과 동등한 자질을 가진 이성을 여성에게 부여하지 않았을 것이라고 주장한다.[5] 메이킨은 아홉 명의 자식을 두었고, 아들들과 똑같은 질의 교육을 딸들도 받게 했다. 1640년에 메이킨은 안나 마리아 판 스휘르만과 열정적이고 잦은 편지 교환을 시작했다. 안나 마리아 판 스휘르만은 '네덜란드의 미네르바' 또는 후아나 이네스 수녀와 같은 '열 번째 뮤즈'로 알려졌다.

안나 마리아 판 스휘르만(1607~1678)은 아마 17세기의 가장 박식한 여성이었을 것이다. 유럽 고전어(희랍어와 라틴어)와 현대어(독일어, 네덜란드어, 영어, 프랑스어, 이탈리아어, 스페인어)뿐만 아니라, 성경에 대한 관심으로 히브리어, 아람어, 아랍어, 시리아어, 에티오피아어(이 언어에 대한 문법서를 쓰기도 했다)를 구사했다. 판 스휘르만은 또한 수학과 천문학, 그림과 조각에도 조예가 깊었다. 그러나 그녀는 철학과 신학에 더 큰 열정을 쏟았다. 아리스토텔레스와 아우구스티누스, 토마스 아퀴나스의 사상에 해박했고, 스콜라철학적 추론의 논리와 기술을 구사하는 데도 탁월함을 보였다.

판 스휘르만은 25세에 라이덴Leiden 대학교의 석학들과 연구자들, 특히 신학자 앙드레 리베André Rivet와 정기적으로 편지를 주고받았다. 판 스휘르만은 앙드레 리베에게 상당한 애정과 존경을 느꼈다. 판 스휘르만이 29세 때 위트레흐트 대학교가 세워졌고, 총장은 이를 기념하기 위해 그녀에게 송가頌歌를 써 달라고 요청했다. 그것은 30구절로 된 시로, 판 스휘르만은 이 시에서 대학 제도와 지식 추구를 높이 산 다음, 여기서 여성을 배제하는 것에 대해 명백히 언급한다.

> 또한 너, 위트레흐트로부터 평화로운 번영,
> 미네르바 입문자들의 웅변적인 입들이 쏟아 낼
> 지식의 열매가 나오길!
> 그럼에도, 어쩌면 당신들은 내게 질문할 것이다
> 당신의 마음속에 어떤 근심을 감추고 있는가?

아! 미네르바 처녀들의 합창이

이 성스러운 캠퍼스에서 울려 퍼질 수 없다니!⁶

판 스휘르만을 크게 칭송했던 위트레흐트 대학교의 총장은 개인적 호의로, 그녀가 문학·법·과학·신학의 교과목들을 공부하도록 허용했다. 여성이 공식적으로 대학에서 공부하는 것이 금지되어 있었기 때문에, 네덜란드의 미네르바는 강의실 뒷좌석에 커튼으로 가려 그녀를 위해 특별히 마련한 자리에 앉아야 했고, 수업 중 토론에 참여할 수 없었다. 대학 개교 1년 뒤 어머니가 죽자, 판 스휘르만은 집안일을 도맡아야 했고, 병든 두 명의 고모를 돌보아야 했다. 이렇게 20년 이상을 판 스휘르만은, 오늘날에도 대다수 여성이 그러하듯이 지적 작업과 가사 일을 병행했다.

1639년 판 스휘르만은 생명 윤리에 관한 책, 『생명의 끝남에 관하여』*De vita humana termino*를 출간했다. 이 책은 말기 환자 돌봄에서 믿음과 과학의 역할을 논했다. 연로한 리베Rivet가 판 스휘르만의 지적 능력을 여성에게는 부적절한 예외로 간주하고, 그녀의 사례가 여성 일반의 지적 능력을 보여 주지는 않는다고 주장한 지 5년이 지난 1641년, 판 스휘르만은 『학문과 문학을 위한 여성 정신의 적성에 대하여』*Dissertatio de ingenii mulieribus ad doctrinam, et meliores litteras aptitudine*라는 책을 출간했다. 이 책은 1646년 프랑스어로, 1659년 영어로 번역되었다(『그리스도교 처녀가 뛰어난 학자가 될 수 있는가에 대하여』 또는 『박식한 처녀』라는 제목으로 옮겼다). 판 스휘르만의 스타일은 메이킨이나 구르네와 다르게, 결코 비꼬거나 가벼운 것이 아니었고, 그녀의 추론은 결코 역사적이지도 사회적이지도 않았으며 전적으로 철학적이고 신학적이었다. 판 스휘르만은 그녀가 사용하는 용어의 정확한 정의를 먼저 행하는 연결삼단논법(silogismos concatenados)[7]을 통해 자신의 명제를 진척시켰다. 이러한 방법으로, 판 스휘르만은 점차 다음과 같은 결론에 이르렀다.

- 집안일을 책임지는 것이나 남편과 아이들을 돌보는 일과 같은 더 긴급한 다른 의무가 없는 모든 여성들은 깊이나 범위에서 아무런 제한도 없이 고등교육을 받을 수 있어야 한다. "비록 당장 써먹지 못할지라도" 그

러한 교육들에 과학적 지식의 모든 분야와 정치학, 성직자에게 필요한 모든 지식이 포함되어야 한다. 뿐만 아니라 이러한 공부를 하고 이 공부가 요구하는 지적 재능을 가차 없이 발휘하는 것은 모든 여성에게 주어진 의무이다. 다시 말하면 철학적 관점에서 인간적 의무이다. 지식은 도덕적 선이고, 사람은 자신의 고유한 가능성 안에서 탁월함에 대한 의무가 있기 때문이다. 그리고 신학적 관점에서 그리스도교적 의무이다. 피조물은 하느님이 피조물을 통해 찬미받으려고 창조한 것이고, 모든 그리스도교 여성은 하느님이 우리들 안에서, 전체 피조물 안에서 행한 놀라운 일들에 대한 지식에 토대를 두고 하느님을 찬미해야 할 의무를 갖고 있기 때문이다.

- 탁월함에 대한 철학적·신학적 명령은 거기서 파생되는 윤리적 명제를 갖는다. 다시 말하면 성 때문에 여성이 고등교육 받는 것을 어렵게 하거나 방해하는 것은 부도덕한 일이다. 여성이 자신의 지성을 발휘하는 의무에는 사회와 교회의 의무가 상응해야 한다. 사회와 교회의 의무는 여성의 이러한 지적 발전을 어렵게 하

거나 방해하지 않고, 오히려 가정과 남편과 자식을 돌보는 기초적 권리를 방해하지 않는 한 언제나, 가능한 만큼 이러한 발전을 촉진하는 것이다.

마리 드 구르네는 프랑스적 기질이라 할 수 있는 시민정치적 추론으로, 여성이 남성과 동등한 조건으로 공적 영역에 참여해야 한다고 주장했다. 바슈아 메이킨은 가정의 사적 영역을 여성의 고유한 영역으로 옹호했고, 여성이 가족의 좋은 아내와 어머니가 되려면 지적으로 교육을 받아야 한다고 주장했다. 이는 고유한 영국적 기질로 볼 수 있는 실증주의적 추론이다. 한편 판 스휘르만은 독일적 기질이라 할 수 있는, 여성의 지성에 대한 초월적이고 이상주의적인 관념을 형이상학적으로 논의하고 옹호했다. 판 스휘르만은 쾰른에서 태어났고 어머니는 독일인이다. 메이킨과 같이(그리고 구르네와 달리) 판 스휘르만은 여성의 영역이 사적 영역이라는 것을 받아들이나, 그 때문에 영국 저자가 하는 것처럼 여성의 지적 교육을 도구화하지는 않는다. 오히려 그 반대이다. 실증주의적 관점의 메이킨에게 소녀를 교육시키기 위한 더 견고

한 주장은 "어머니의 기능과 사회적 기능을 미래에 더 잘 행사하기 위한 것"이다. 이와 달리 판 스휘르만에게 지적 교육을 위한 여성적 권리의 근거는 오직 탁월함에 대한 의무, 곧 하느님께 영광을 드리는 도덕적·영성적 완덕의 의무에 뿌리를 두고 있다. 판 스휘르만의 모토motto는 이러하다. "영혼의 진정한 위대함으로 이끄는 모든 것은 그리스도교 여성에게 적합하다."

여성은 일반적으로 진지하고 장기적인 공부를 할 능력이 부족하다고 여기거나, 공부에 일정한 관심을 가지기 어렵다고 의심하는 이들에 대하여 판 스휘르만은 이렇게 말했다. "아무도 공부에 대한 우리의 능력을 판단할 수 없다. 먼저, 더 나은 의도로, 그리고 가능한 모든 지원을 통해, 공부가 전제하는 보고寶庫의 맛을 볼 수 있도록, 우리가 가열찬 공부를 진척시킬 수 있도록 고무해 주어야 할 것이다."

구르네는 독신이었고 젠더의 평등을 믿었던 한 남성과 위대한 우정을 보여 주었다. 메이킨은 결혼했고 아홉 명의 자녀를 두었다. 판 스휘르만은 독신이었고 병든 고모들을 돌보았다. 이 저자들은 각각 자신의 경험에서 출발하여 이야기하고, 자기 주변에 있는 문화적 자원들을 활용한다. 그러나 이 세 사람은 당대의 여성들을 규제하는 불의를 명백하게 비판한다. 그리고 여성의 삶과 존재를 남성과의 관계의 관점에서 정의하고자 하는, 여성성에 대한 공식적 담론이 갖는 본질적 허위를 폭로하는 점에서 일치한다. 이 세 저자는 당대의, 그리고 몇몇 경우에는 또한 우리 시대의, 공식 신학의 오만을 거슬러 반란을 일으킨다. 이 공식 신학은 여자가 "남자를 위해서"(1코린 11,9) 창조되었고, 그 때문에 일정한 방식으로 '세상의 것들'이 아니라 남성에게 더 관심을 기울여야 한다고 강조한다. 이 전통적 견해에 따르면, 여성이 남성에게 관심을 쏟고(무급 노동), 남성이 세상의 것에 신경을 쓸 때(유급 노동) 가족과 사회가 조화롭게 작동한다.

이러한 관점을 이미 극복된 것이라고 보기는 어렵다. 여성과 남성의 관계를 인지하는 이 방식은 지금도 여전히 널리 퍼져 있다. 경제적 종속의 심리적·실천적 결과들을 고려하지 않을 때, 이 방식은 오늘날에도 여성주의적 관점보다 곧잘 더 받아들여지는 경향이 있다. 여성주의적 관점은 여성이나 남성이나 서로에 대해 집이나 자식, 병자, 노인 그리고 세상의 것에 대해 동등한 책임이 있다고 여긴다.

20년 이상 돌보던 고모들이 세상을 떠나자 62세의 판 스휘르만은 가정과 그동안의 생활 방식을 포기하고 장 드 라바디Jean de Labadie의 유토피아 프로젝트에 합류했다. 이는 당시 사회에 큰 충격을 주었으며 추문으로 받아들여졌다. 장 드 라바디는 예수회 출신으로 종교개혁 과정에서 개신교로 개종한 인물로, 카리스마적이고 평등주의적인 그리스도교 운동을 창립했다. 라바디를 따르는 이들은 그 사상 때문에 가톨릭의 땅에서나 개신교의 땅에서나 박해를 받았다. 이들을 지지했던 몇몇 통치자 가운데 하나는 보헤미아의 엘리자베스 공주였다. 이 공주는 판 스휘르만의 친구였으며, 그당시에는 독일 헤르포르트의 개신교 참사회 회장이었다.

판 스휘르만은 박해를 받는 동안에, 자신의 마지막 저서, 『좋은 선택』Eukleria(1673)을 썼다. 제목은 루카복음에 나오는 예수가 한 말과 관련 있다. 자매간인 마리아가 예수의 말을 듣고 명상하느라 집안일을 도와주지 않는다고 불평하는 마르타에게 예수가 말했다. "마르타, 마르타,

당신은 많은 일 때문에 걱정하며 부산을 떨지만 필요한 것은 한 가지뿐입니다. 사실 마리아는 그 좋은 몫을 택했고 그것을 빼앗기지 않을 것입니다"(루카 10,41-42). 그리스어 에우클레리아_Eukleria_는 '좋은 선택'을 뜻한다. 판 스휘르만의 일부 전기 작가들은 그녀가 이 책에서 신앙적 경건주의를 위해 이성을 거부했다고 본다. 그러나 이와 달리 다른 전기 작가들은 저자의 이전 저서보다 오히려 이 책에서 더 자유롭고 자신에 대해서도 더 확신을 갖는 여성적 목소리를 발견한다. 판 스휘르만은『좋은 선택』에서 처음으로 자신의 고유한 권위를 가지고 말한다.

> 그러나 나의 이전 삶의 상태가 모든 점에서 현재의 상태보다 탁월하고 훌륭한 것으로 간주하는 학식 있고 저명한 남성들이 있기 때문에, 그리고 한 삶에서 다른 삶으로 바꾸는 어떤 결정도 오직 나의 친구들의 동의나 심지어 문학 세계 전체의 갈채와 더불어 정당화될 수 있다고 생각하는 남성들이 있기 때문에, (그리고 오늘의 나는 이 세계와 이 세계의 친구들에게 힘입은 바 크기에) … 나는 아래에서 그 이유를 자세히 설명할 것이다.[8]

판 스휘르만은, 아리스토텔레스와 아우구스티누스와 토마스 아퀴나스가 여성혐오적 표현을 사용했음에도 인간 존엄성을 강조한 것에서 도움을 받아, 여성의 이론적 평등을 토대 짓는 작업을 했다. 그러나 실제적 평등을 발견한 것은 이 저자들을 통해서가 아니다. 그녀는 여성의 지적 동등성을 분명하게 주장했지만, 여성의 고유 영역은 가정이고 남성의 고유 영역은 공적 공간이라는 것을 일생 동안 받아들이고 옹호했다. 그러나 나중에 루카복음에서 가장 심오한 진리, 가장 강한 자유를 발견했다. 일부 전기 작가들이 서술하는 바와 같이 어쩌면 라바디는 실제로 정숙주의적 광신도(fanático quietista)[9]였을 수도 있다. 그러나 판 스휘르만에게는 그가 장애물이 아니었다. 그의 설교 덕분에, 매우 탁월한 재능을 가진 그녀는 학생 시절부터 자신을 가렸던 커튼을 삶의 마지막 시기에 열어젖히고, 처음으로 이론을 뛰어넘어 현실의 영역에서 평등주의적 영역에 접근할 수 있었다.

죽은 다음에 출간된 『좋은 선택』 2부에서 판 스휘르만은 자신의 새로운 삶에서 발견했던 행복에 대해 서술한다. 『좋은 선택』을 아우구스티누스의 『고백록』과 비교한 그녀의 전기 작가 미리암 데 바아르Mirjam de Baar는, 판 스휘르만의 마지막 저서가 반지성주의적이라는 비난에 반대하여, 철학적·신학적으로 훌륭히 기여하고 있다고 주장한다.

12
그리스도교 직무에서의 여성-남성 평등

라바디주의labadismo가 지속되는 가운데 같은 세기 영국에서 또 다른 평등주의적 그리스도교 운동이 출범했다. 보헤미아의 엘리자베스 또한 이 운동을 옹호했고, 오늘날까지 지속되고 있다. 20세기에 이 운동의 성원들이 주창하는 인본주의적 과제는 노벨 평화상 수상과 함께 세 번에 걸쳐(1946/1947/1959) 널리 알려지게 되었다. 17세기 반노예주의의 선구자들인 존 울맨John Woolman과 앤서니 베너젯Anthony Benezet이 이 운동의 성원들이었다. 정신병원과 감옥의 인본주의적 개혁을 선구적으로 이끌었던 앨리스 폴Alice Paul과 윌리엄 튜크William Tuke와 엘리자베스 프라이Elizabeth Fry, 19세기 여성주의적 반노예주의자들인 루크레시아 모트Lucrecia Mott와 수전 앤서니Susan B.

Anthony도 그 성원들이었다.

이 그리스도교 운동은 친우회親友會(Sociedad de Amigos)이다. 이 운동의 성원들은 또한 퀘이커파라는 이름으로도 알려졌다. 이 교파의 창립자인 조지 폭스George Fox(1624~1691)가 자신에게 유죄판결을 내린 판사에게, '떨어야 할'(quaker) 자는 하느님의 판결 앞에 선 그(판사)라고 응답한 데서 이 이름이 비롯됐다. 폭스의 적들은 폭스의 추종자들을 비웃기 위해 퀘이커라는 말을 사용하나, 추종자들은 이 말을 긍정적으로 재활용한다.

군복무에 대한 반대로 박해를 받은 다음, 대부분의 퀘이커 교도들은 미국으로 이주했으나 거기서도 심각한 어려움이 없지 않았다. 예를 들어, 1659~1661년 사이에 보스턴에서 네 명의 퀘이커 교도가 종교적 갈등으로 교수형을 받았다. 그럼에도 마침내 펜실베이니아주(이 이름은 퀘이커 교도 윌리엄 펜William Penn을 기리는 의미로 붙여졌다)에 정착했다. 이 주의 중심 도시는 퀘이커 교도들이 부여한 이름, 곧 필라델피아Filadelfia(친구들 또는 형제들을 사랑하는 도시라는 뜻)라는 이름을 갖고 있다. 이 도시는 오늘날에도 관용적이고 연대적인 도시라는 명성을 유지하고 있다. 현재 퀘이커 교도들은 전 세계에 걸쳐 약 20만 명 정도이다. 세계교회협의회(WCC) 창립 성원이고, 공식적 옵서버로 제2차 바티칸 공의회(1962~1965)에 참여했다. 성직 위계 제도가 없으나, 그렇다고 성경 본문을 해석하고 하느님의 뜻을 식별하는 데 개인주의를 극복할 수 없는 것은 아니다. 성령이 교회에 무엇을 말하는가를 식별하는 것은 공동체라고 여기기 때문이다. "사실 둘이나 셋이 내 이름으로 모여 있는 거기 그들 가운데 나도 있습니다"(마태 18,20).

퀘이커 교도들 사이에서는 처음부터 모든 직무에서 여성과 남성이 평등했다. '퀘이커 교도들의 어머니'로 알려진 마거릿 펠Margaret Fell(1614~1702)을 빼놓고는 폭스의 설교가 탄탄한 운동으로 발전하기 힘들었다고 말할 수 있을 것이다. 두 사람이 처음 알게 된 1652년, 폭스는 28세의 미혼남이었다. 당시 38세였던 펠은 20년째 결혼 생활 중이었고 아홉 명의 자식이 있었다. 이들의 초기 만남에 대해 서술한 펠의 일기 일부가 최근 발견되었다. 펠은 이 일기에서, 미국 더비Derby시에서 폭스가 난폭하게 두들겨 맞은 일화를 전한다. 그가 두들겨 맞은 이유는 교회의 전례 회의에서 질문을 하기 위해 발언을 신청했던 한 여성을 옹호했기 때문이다. 당시 설교자는 하느님의 집에서 말하는 것이 여성에게는 허용되지 않는다고 주장하면서, 그 여성에게 입을 다물도록 명령했다.

더비에서의 사건과 같은 일화들이 펠에게 감동을 주었고, 펠은 하느님에 대한 믿음으로 가득 차 있으나 조금은 미숙한 이 젊은이를 돕도록 하느님께서 자신을 불렀다고 느꼈다. 1658년 남편이 죽자, 펠은 자신이 살던 집과 소유물을 초기 퀘이커 교도들을 위한 믿음의 모임과 전례의 공간으로 바꾸었다. 초기 퀘이커 교도들은 하느님이 '높은 철탑이 있는 집'(퀘이커 교도들은 오늘날까지 교회를 이렇게 부른다)이 아니라 각자의 심장, 하느님 이름으로 모인 이들 가운데 있다고 확신했다. 펠은 1662년 퀘이커교의 책임자로서 감옥에 갇혔고 전 재산을 잃었다. 그녀는 감옥에서 지속적으로 친우회에 편지를 써 보냈고, 그즈음에 아홉 명의 자식 가운데 여덟이 이 협회 성원이 되었다. 이 시기의 글 중에서, 하느님이 남성과 같은 방식으로 여성에게 설교의 직무와 말씀 해석의 직무를 주지 않았다고 믿는 이들에 대한 그녀의 반론은 주목할 만하다.[1]

이 글에서 펠은 구약성경이나 신약성경이나, 하느님은 여성과 남성 구별 없이 당신을 기쁘게 하는 자에게 모든 그리스도교 직무의 토대인 성령의 선물을 준다고 증언한다고 주장한다. 펠은 구약성경에서 특히, 이스라엘의 종교적·정치적·군사적 최고 지도자였던 판관 드보라의 사례(판관 4,4 이하)를 인용한다. 그리고 요시야 임금 때 살았던 예언자 훌다를 인용하는데, 당시 예루살렘 신전의 사제들은 그녀를 찾아가서 율법서를 해석해 달라고 요청했다(2열왕 22,14-20). 또한 펠은 신약성경에서 예언자 한나의 사례를 강조한다. 한나는 "다가와서 하느님께 찬송을 드리고, 예루살렘이 속량되기를 기다리는 모든 사람에게 그 아기 이야기를 하였다"(루카 2,38). 그리고 그녀는 "처녀로서 예언을 하였던"(사도 21,9) 복음 선포자 필리포스의 네 딸의 사례도 강조한다. 펠은 성경의 이 구절들과 다른 구절들을 신중하게 분석한 다음, 다음과 같이 결론을 내린다.

우리의 주님 예수께서는 자신의 영을 모든 육체, 자신의 아들딸들에게 지금 그리고 부활의 순간에 내려 주신다.

그런데 이런 주님 예수의 권능과 영에 반대하고자 애쓰는 모순의 영을 멈춰 세우기 위해 내가 개진했던 것이 유용하기를 바란다. 하느님 주님은 창조의 때에, 당신 모상에 따라 사람을 창조하면서 사람을 남자와 여자로 만들었기 때문이다. 사도가 말하는 바와 같이, 예수 그리스도는 높으신 분이 한 여자를 그림자로 감싸고 하느님의 성령이 그녀 위에 내린 뒤에 태어났고, 그녀의 본질이 열매를 맺어 하느님의 아들로 불렸기 때문이다. 앞서 말한 바와 같이, 주님 예수는 땅에 있는 동안, 당신의 사랑과 의지와 생각을 사마리아 여자, 마르타와 그녀의 자매 마리아, 그리고 다른 여자들에게도 드러냈기 때문이다. 부활한 다음, 누구보다도 앞서, 심지어 성부께 오르기 전에 여자들에게 모습을 드러냈기 때문이다. "주간 첫날 새벽에 예수께서는 다시 살아나신 뒤 막달라 여자 마리아에게 처음으로 나타나셨다"(마르 16,9). 주님 예수는 그 자신으로 모습을 드러냈고 하느님은 편애하지 않기 때문이다. 이 모든 것으로, 그분, 무한한 권능과 영을 가진 그분, 모든 육체에 그것들을 내려 주고자 했던 그분을 제한하고자 하는 혀들은 이제 멈추기를 바란다.

어둠의 직무자들이 걸림돌로 만들어 버린, 그리고 하나의 산이 될 정도로 확장시켜 버린, 성경의 두 구절(1코린 14,34-35; 1티모 2,11-12)을 정확하게 해석하기 위해, 내가 말한 것이 유용하기를 바란다. 그럼에도 주님은 이 모든 것을 바꾸기 위해, 이 걸림돌을 치우기 위해 이미 일하고 계신다.

펠은 1666년에 이 글을 썼다. 그로부터 300년이 지난 1976년, 미국의 성공회 교회는 최초로 여성들에게 사제직을 허용하고, 바오로 6세는 서품을 받는 교회 직분에 여성을 배제하는 것이 성경에 맞는지 여부를 연구하도록 교황청 성서위원회에 지시했다. 성서위원회는 펠이 1666년에 인용하고 주해했던 바로 그 구절들을 인용하고 주해한 뒤, 성경은 그 어떤 교회 직무로부터도 여성을 배제하는 것을 정당화하지 않는다고, 그녀와 같은 결론을 내렸다.

1668년, 4년 동안의 감옥 생활 끝에 펠은 자유의 몸이 되었다. 1669년, 펠과 폭스는 결혼했고, 같은 해에 펠은 다시 감옥에 갇히게 되었다. 1670년에 펠이 다시 자유의 몸이 되었으나 1673년, 이번에는 폭스가 감옥에 갇히게 되었다. 폭스는 66세에 죽었다. 펠은 88세까지 살았고, 영국과 그 식민지(미국)에서 퀘이커교의 부분적 합법화를 목격할 수 있었다.

13
여성들의 지적 활동

펠이 감옥에서, 교회 안에서 말씀에 대한 여성의 권리를 옹호하는 글을 썼던 그해, 영국 뉴캐슬에서는 메리 아스텔Mary Astell(1666~1731)이 태어났다. 그녀는 저서, 『여성을 위한 진지한 제안』*A serious proposal to the ladies for the advancement of their true and greatest interest*으로 널리 알려졌다. 이 책의 1부는 저자가 28세 되던 1694년에 출간되었고, 2부는 그로부터 3년 뒤에 나왔다. 아스텔에 따르면, 더 중대하고 진정한 여성들의 관심사는 자신들의 교육이다. 아스텔은 전통적으로 알고 있는 바와 같이, 여성들의 경우에 지적 삶과 가정적 삶 사이에 존재하는 양립 불가능성을 잘 인지하고 있었다. 그래서 그녀는 여성이 결혼만큼 사회적으로 가치 있고 받아들일 만한, 결혼에 대한 대안을 마련할 것을 제안한다. 아스텔의 제안은 일종의 개방적 세속 수도원 창립이다. 이 수도원은 원하는 여성이면 누구나 자신의 지적 관심을 심화하고 향유하는 데 자신의 삶을 헌신하면서 살 수 있는 곳이다. 그러나 이 대안은 실제로 귀족 여성들에게만 가능한 것이었다. 아스텔은 귀족이 아니었지만, 일생을 후원자들의 관대한 지지에 힘입어 살았다. 그랬기 때문에 이러한 여성 지성 센터를 재정적으로 지원할 후원자들을 얼마든지 찾을 수 있다고 믿었다.

아스텔이 『여성을 위한 진지한 제안』 2부를 집필하는 동안 철학자 존 노리스John Norris는 아스텔의 동의 아래 다양한 신학적 주제에 대하여 그녀와 나눈 편지들을 출간했다.[1] 아스텔은 노리스에게 보낸 답장에서, 판 스휘르만이 몇 년 앞서 했던 것처럼, 신학적 인간학의 기본 원리(사람은 하느님에게 영광을 드리기 위해 창조되었다는 것)를 여성에게 적용한다. 그리고 판 스휘르만이 그러했듯이, 아니 그녀보다 더 비꼬는 투로, 그리고 판 스휘르만이 거부했던 데카르트적 원리들을 적용하면서, 여성은 남성이 아니라 하느님을 위해 창조되었고, 이러한 창조 사명이 여성의 정체성을 결정해야 한다고 주장한다. 아스텔은 이 인간학적 원리에서, 결혼 규제와 여성 교육에 관한 명백하고 혁명적인 결론을 끌어낸다. 현대 여성주의 신학의 고유한 세 가지 측면이 아스텔의 신학적 성찰에 잘 나타난다.

- 생각과 행동을 하나로 묶으려는 명백한 관심.
- 성직 위계적 개념화에 대한 반대.
- 하느님의 활동을 사람의 본성에 본질적이고 내면적인 것으로 특징화하는 것.

아스텔은 하느님이 '밖으로부터' 우리 안에 활동하지 않고 자의적 방식으로 상과 벌을 주지 않는다고 주장한다.

명백히 죄와 벌은 서로 다른 두 가지이다. 그렇다 할지라도 가장 큰 고통과 가장 큰 비참을 죄 안에 포함시키지 않고서는 죄를 이해할 수 없다. 죄는 모든 비참에 공功이 있는 원인(causa meritoria)이기 때문에, 내 생각에 죄에 대한 벌은 행위에 뒤따라오는 것 같다. 비참은 죄와 떨어질 수 없고 이런 뜻에서 죄는 사실상 처벌을 받는다.[2]

아스텔은 또한 세 권의 정치적 저서를 출간했다. 『참절제』*Moderation truly stated*, 『반대자와 그 후원자가 있는 공정한 길』*A fair way with the dissenters and their patrons*, 『영국 반란과 내전의 원인에 대한 공정한 연구』*An impartial enquiry into the cause of rebellion and civil war in this kingdom*가 그것이다. 이 세 권의 책은 1704년에 출간되었다. 앞서 말한 편지들과 별개로, 『영국 교회의 딸이 고백한 그리스도교』*The christian religion as profess'd by a daughter of the Church of England*(1705), 『재치에 대한 연구』*An enquiry after wit*(1709)라는 저서에도 신학적 논의들이 포함되어 있다.

14
유럽 최초의 여성 박사들

근대 탄생기의 저자들은 여성의 문제를 '지적 교육을 차단당한 문제'로 보는 경향을 띤다. 후아나 이네스 수녀는 대학 교육 받는 것을 거부당했고, 안나 마리아 판 스휘르만은 수업을 듣기 위해 커튼 뒤에 숨어야 했으며, 시험이나 학위에 대한 권리 없이 제한된 공부를 했다. 판 스휘르만이 죽은 해이자 후아나 수녀가 28세가 되던 해인 1678년, 베네치아의 엘레나 코르나로 피스코피아Elena Cornaro Piscopia(1646~1684)는 유럽 대학에서 최초로 박사 학위를 받은 여성이 되었다.[1] 당시 코르나로는 32세였고, 박사 학위 분야는 철학이었으며, 대학은 파도바 대학교였다.

코르나로는 천재 소녀였고, 아버지의 적극적 지원으로 유럽에서 최초로 박사 학위를 딴 여자가 되었다. 코르나로는 일곱 가지 언어를 구사했으며, 어렸을 때부터 '일곱 언어 도사'(Oraculum Septilingue)로 불렸다. 그녀는 학문적 지식이 뛰어난 것은 물론이고 행실 또한 모범적이었다. 철학과 신학에서의 논리적 예리함에는 적수가 없었고, 음악적 재능도 더할 나위 없었다. 코르나로는 청소년기부터 이미 많은 이들의 찬사를 받았고, 그녀의 아버지가 집에서 조직했던 공적 동아리 모임에서 당대의 가장 뛰어난 두뇌들과 토론을 벌였다. 스스로 선택할 수 있었다면 그녀는 20세에 베네딕도회 수녀가 되었을 것이나, 아버지는 그녀의 의사와 상관없이 파도바 대학에 입학시키기로 이미 결정했다. 그녀는 이 대학에서 뛰어난 경력을 쌓았고 신학 박사 과정으로 절정을 이뤘다. 신학을 선택한 것은 그녀의 욕구가 반영된 것이었다.

1677년, 코르나로는 대학 박사들과 대다수 대학 평의원들이 모인 자리에서, 이미 몸에 밴 침착함과 친절함으로, 그리스어와 라틴어를 사용하여 길고 격렬한 신학 논쟁을 벌였다. 주제는 아리스토텔레스의 형이상학과 스콜라 신학에 대한 것이었고, 지오바니 그라데니고Giovanni Gradenigo, 카로Caro 신부, 피오렐로Fiorello 신부와 논쟁했다. 그럼에도 교회와 대학 당국자들은 그녀가 신학 박사 학위를 받기 위해 필요한 시험을 보지 못하도록 했다. 베네치아 산 마르코 성당의 관재인管財人이었던 그녀의 아버지와 그와 친분 있는 인사들이 끈질기게 요구하고 부당한 처사에 대해 점점 분노해 가는 상황에서, 파도바 대학은 마침내 코르나로가 박사 학위 후보자가 되는 것을 허용했다. 그러나 학위 분야가 신학이 아니라 철학으로 변경되었고, 논문 심사일에는 많은 인파가 몰려 심사 장소를 대성당으로 옮겨야 했다. 그녀는 크나큰 명예와 함께 학위를 받은 뒤, 베네딕도회 봉헌자Oblata가 되었고 병들고 가난한 이들을 돌보는 데 헌신했다. 그로부터 6년 뒤, 코르나로는 결핵으로 세상을 떠났다. 그녀의 저서는 죽은 뒤에 이탈리아 파르마에서 출간되었는데, 여기에는 영성 관련 논문과 철학적·신학적 논의들이 포함되어 있다. 그녀의 저서는 아직까지 충분한 연구가 이뤄지지 않고 있다. 따라서 우리는 코르나로가 그녀의 독특한 삶에서 어떤 교훈을 끌어냈는지, 당대 여성의 상황에 대해 어떻게 생각했는지, 여성들에 대한 하느님의 뜻이 무엇이라고 생각했는지 알 수 없다.

1733년, 계몽주의가 꽃을 피우던 시기에 유럽은 이번에도 이탈리아에서 그리고 한층 더 화려하게, 두 번째 여자 박사를 배출했다. 라우라 바시Laura Bassi(1711~1778)가 그 주인공이다. 볼로냐시는 여성이 박사 학위를 받았다는 이례적 사건을 기념하여, 그녀를 미네르바 여신으로 묘사해 새긴 기념 메달을 만들었고, 전 유럽의 시인들은 그녀에게 찬사를 아끼지 않는 헌정시를 바쳤다. 매우 탁월한 재능을 가진 이 소녀를 적극 후원한 이는 큰 영향력이 없는 정직한 변호사였던 그녀의 아버지가 아니라, 볼로냐의 막강한 추기경 프로스페로 람베르티니Próspero Lambertini였다. 그는 훗날 교종 베네딕도 14세가 된다. 그러나 바시의 지적 재능을 먼저 발견하고 후원한 사람은 그녀 가족의 의사이자 해부학 교수인 가에타노 타코니Gaetanno Taconi였고, 13세부터 20세까지 비밀리에 바시를 가르쳤다. 그 후에 람베르티니가 그녀를 자신의 보호 아래 두면서, 시 청사에서 많은 사람들이 참여하는 토론 모임을 조직했다. 이 과정에서 바시는 타코니 교수 외 네 명 이상의 교수들과 논쟁하면서 49편의 철학 논문을 발표했다. 그리고 이듬해 물리학 박사 학위를 받았다. 당시 그녀는 스물두 살이었다.

코르나로와 바시는 분명 자신들을 후원·보호하는 남성들의 관심사에 이용된 측면이 있다. 바시는 코르나로보다 반세기 뒤에 살았으나, 이 선구자의 경험으로부터 아무런 혜택을 받을 수 없었다. 그럼에도 바시는 그렇게 쉽게 조종당하지 않았고, 스스로 운명을 개척하기 위해 자신의 상황을 온전히 의식하며 일생을 꾸려 갔다. 그녀는 박사 학위를 받은 뒤에 코르나로가 살았던 것처럼 공적 삶에서 물러나지 않았으며, 자신에게 가르치는 책무를 줄 것과 그에 상응하는 임금을 지불하도록 대학 측에 요구했다. 그녀의 이러한 행동은 동료들, 그리고 그녀를 칭송하던 이들로부터 많은 비난을 샀다. 이들은 그녀의 행동이, 남자들이 마땅히 받아야 하는 일자리, 특히 여자보다 남자에게 더 필요한 일자리를 훔치는 것이라고 여겼기 때문이다. 이 문제는 미래의 교종 베네딕도 14세의 결단으로 해결되었다. 그는 바시가 일 년에 한두 번, 게다가 성대한 행사로서 강의할 수 있도록 하는 것이 도시의 매력이 될 수 있다고 판단했다. 다만 바시는 추기경 쪽에서 명시적 초대를 받아야만 강의를 할 수 있었다. 바시는 강의를 시작하기에 앞서, 이 행사를 위해 마련된 의례적인 연설을 들어야 했다. 이 연설은 주로, 여성들 사이에서 돋보이는 바시의 뛰어난 자질 그리고 이와 같은 놀라운 일, 다시 말하면 대학교 교수인 여성을 세계 앞에 내놓은 볼로냐 도시와 대학교의 탁월한 업적을 치켜세우는 것이었다.

바시는 28세에 동료 물리학자와 결혼했다. 그녀에게 지혜와 동정녀적 순수성의 이상을 투영하면서 그토록 뜨거운 열정으로 환호했던 칭송가들에게는 이 결혼도 커다란 충격이었다. 바시는 어쩌면 당대의 여성들에게 가능한 유일한 해결책, 곧 아내-어머니의 역할을 떠맡음으로써 순수한 동정녀의 역할로부터 해방되었다. 당시 모든 이들은 바시가 공적 주춧돌을 가정의 주춧돌과 바꿨고, 결혼은 그녀의 경력 가운데 마지막에 일어날 일로 생각했다. 그러나 바시는 결혼한 뒤에도 학문과 직업적 포부를 포기하지 않았다. 집에 전기 실험실을 꾸릴 수 있도록 대학 측에 보조금을 청구하고, 이 실험실의 지출을 감당할 수 있도록 월급 인상을 요구했다. 끈질기게 노력한 결과 그녀는 마침내 대학으로부터 긍정적 답을 얻었다.

여덟 명의 자식 가운데 생존한 다섯 명을 키우면서, 다른 한편으로 자기 실험실에서 선구적 연구를 수행했다. 당시의 우수한 과학자들은 그녀와 물리학을 토론하기 위해 그녀의 집을 방문하기도 했다. 대학은 그녀에게 임금을 계속 지불했고 그녀의 집은 강의실이 되었다. 이 강의실에서 그녀는 당시 뛰어난 물리학도들에게, 연설이나 허세 없이 정기적으로 강의했다.

그녀는 뉴턴의 실증주의적 입장에서 데카르트의 주관적 선험론을 비판하는 철학서 1권과 28편의 과학 논문을 남겼다. 논문 가운데에 13편은 물리학, 11편은 수리학, 1편은 역학, 또 다른 1편은 화학, 그리고 나머지 2편은 수학에 관한 논문이다. 65세가 되었을 때 볼로냐 대학교는 그녀에게 실험물리학 정교수직을 주었다. 바시는 말년에 비교적 평범하게, 40여 년 전 그녀의 박사 학위를 아주 예외적으로 수여했던 대학에서 가르쳤다. 바시는 성녀 데레사처럼 학교를 세웠다. 이탈리아 대학교들은 통상 세계의 모든 대학들보다 더 많은 물리학 여자 교수를 채용했다. 현재도 대학의 물리학 교수 여성 비율은 이탈리아가 영국이나 미국보다 5배 더 높다(25% 대 5% 이하).

바시가 전기 현상을 연구하는 동안, 이미 베네딕도 14세 교종이 된 람베르티니 추기경은 볼로냐 대학교를 위해 또 다른 뛰어난 여성 과학자를 뽑으려고 마음먹었다. 밀라노 출신의 수학자 마리아 가에타나 아녜시Maria Gaetana Agnesi(1718~1799)였다. 1727년 볼로냐에서 16세의 천재 소녀 바시가 타코니에게 비밀리에 교육을 받는 사이에, 밀라노에서는 9세의 천재 소녀 아녜시가 아버지의 적극적 지원과 보호를 받으면서, 여성도 고등교육을 받아야 한다는 주제로 한 시간 넘게 라틴어로 연설했다. 그런 다음에는 그녀의 연설을 들으러 자주 참석하는 교수들과 열띤 논쟁을 벌였다. 그녀의 연설은 그녀의 가정교사 가운데 한 사람이 이탈리어로 기록했고, 소녀는 연설문을 암기하기에 앞서 그것을 라틴어로 옮겼다. 이 연설문은 『대학 교육이 여성에게 적합하지 않은 것이 아님을 보여 주기 위한 연설』*Oratio quâ ostenditur artium liberalium studia à femineo sexu neutiquam abhorrere*이라는 제목으로 출간되었다.

바시가 박사 학위를 받을 당시 아녜시는 15세였다. 아녜시는 20세에 『철학적 명제』*Propositiones philosophica*(1738)를 출간했다. 191편의 논문으로 이루어진 이 책은 대부분 뉴턴의 새로운 자연철학을 옹호하는 내용이었다. 아녜시는 집에서 아버지가 조직한 동아리 모임에서 전 유럽의 석학들과 논쟁을 벌였다. 그녀가 30세에 출간한 수학책, 『이탈리아 청년들을 위한 미분·적분학』*Instituzioni analitiche ad uso della gioventu italiana*(1748)은 미분과 적분을 종합하고 공동으로 다룰 수 있는 최초의 과학적 저서였다. 이 책이 출간되고 1년 뒤, 파리 학술원은 이 책을 선행지식의 종합과 독창적 기여의 측면에서 현존하는 가장 훌륭한 수학 전문 서적으로 인정했다.

이러한 독창적 기여 가운데, 원래의 이탈리아어에서 영어로 번역할 때 잘못 옮겨서 오늘날 '아녜시의 마녀'(la bruja de Agnesi)라는 이름으로 알려진 원뿔 곡선(curva cónica)에 대한 이론이 있다. 옮긴이 존 콜슨John Colson(케임브리지 대학교의 수학 교수이자 뉴턴의 라틴어 저서의 영어 번역자)이 원뿔 곡선을 상기시키는, 매듭이 있는 선박용 줄의 이름인 라 베르시에라la versiera를, 마녀를 뜻하는 라베르시에라 l'aversiera로 잘못 옮기면서 일어난 일이다. 앞서 6장에서 이른바 남성적 우월성을 받아들이기는커녕, 그 우월성에 의문을 제기하는 여성의 육화肉化로서 마녀에 대해 이야기했다. 이를 고려한다면, 콜슨의 잘못된 번역이 오늘날까지 유지되는 것이 우연이 아니라고 의심할 수 있다. 또한 대다수의 아녜시 전기에 아버지가 볼로냐 대학교의 수학 교수였다고 명기하는 것도 우연은 아닐 것이다. 예를 들면, 『과학 전기(傳記) 사전』Dictionary of Scientific Biography (1990)과 같은 몇몇 전기에서 더 명확하게 드러난다. 그녀의 아버지는 비단 장사로 맏딸(마리아 가에타나 아녜시는 스물한 형제 가운데 맏이였다)의 교육에 온 힘을 쏟은 사업가였다.

여성의 공적이나 성과를 그 여자 주변에 있는 어떤 남자 덕분으로 여기는 것은 비교적 흔히 있는 일이다. 수녀원장이었던 빙엔의 힐데가르트Hildegard von Bingen의 경우에, 그녀의 저서가 사실은 대서인代書人이 쓴 것이거나, 적어도 대서인이 실질적 도움을 주었다는 의심을 받았다. 그러나 나중에 대서인의 죽음 이후의 작품들이 이전 작품들과 같은 수준을 유지하고 있음이 입증되면서, 이 의심은 설 자리를 잃었다. 또한 스페인 카스티야 지방 출신의 인본주의자 올리바 사부코Oliva Sabuco(1562~1622)의 경우도 마찬가지이다. 그녀는 놀랍고 소중한 르네상스 의학 전문서, 『고대의 위대한 철학자들이 몰랐던 새로운

자연철학: 사람의 삶과 건강을 개선하는 자연철학』*Nueva filosofía de la naturaleza del hombre, no conocida ni alcanzada de los grandes filósofos antiguos: la qual mejora la vida y la salud humana*(1587)의 지은이이다. 그녀는 이 책에서, 수많은 병리학의 토대에 있는 부정적 감정들을 예방하고 치료하면서, 몸과 영혼을 통합하고자 했다. 그러나 그녀가 이 책의 지은이라는 것을 인정받기까지 어려움이 따랐다. 철학자 호세 비에드마José Biedma는 다음과 같이 말했다.

> 더 최근에, 올리바 여사로부터 『고대의 위대한 철학자들이 몰랐던 새로운 자연철학』을 훔치려는 시도들이 있었다. 이 시도들에 따르면 이 책의 지은이는 지식인인 그녀의 아버지 사부코라는 것이다. 몇몇 시도들은 한낱 여성이 그렇게 뛰어난 재능을 가질 수 없다는 위험한 주장을 펴기도 했다. 메넨데스 펠라요Menéndez Pelayo나 페이호오Feijoo는 르네상스기에 카스티야어[3]로 쓰인 이 교육용 산문, 이 값진 기념비적 작품의 서명署名이 진짜임을 의심하지 않았다.[4]

스페인 마요르카⁵ 태생의 여성 작가 마리아 안토니아 올리버Maria Antonia Oliver도 1970년에 비슷한 상황을 경험했다고 털어놓았다. 그녀가 자신의 첫 소설을 고모에게 선물하자, 고모는 그녀에게 책에 서명해 달라고 요청했고, 이어서 올리버의 남편 하우메 푸스터Jaume Fuster에게도 서명을 요구했다. 그러자 남편이 말했다. "내가요? 왜 내가 서명해야 해요? 소설은 그녀가 쓴 건데." 고모가 묘한 미소를 지으며 반박했다. "이봐요, 마리아 안토니아가 혼자서 이 책을 다 썼다고 나더러 믿으라고?"

1750년 볼로냐 대학교는 베네딕도 14세의 요청으로 아녜시를 수학과 자연철학의 정교수로 임명했으나, 그녀는 그 교수직을 전혀 누리지 못한 것 같다. 아녜시는 평소 교부학을 너무 좋아했기 때문에, 아버지가 죽은 뒤에 전공을 수학에서 신학으로 바꿨고, 밀라노에서 푸른 옷의 수녀들이 운영하는 트리불치오 호스피스에서 버려진 이들과 말기 환자들, 정신병자들을 돌보는 데 전념했기 때문이다. 81세의 나이로 죽을 때까지 그녀는 이 호스피스를 운영했다. 아녜시는 젊었을 때부터 수녀가 되기를 원했다. 아버지의 완강한 반대에 부딪혀 결국 포기했으나,

다만 다음 세 가지 조건을 존중해 달라고 아버지에게 요구해 승낙을 얻었다. 첫째, 늘 소박한 옷을 입도록 허용해 달라는 것과 둘째, 사회적 활동이나 축제를 삼가는 것을 허용해 달라는 것, 셋째, 자신이 원할 때 언제든지 교회에 갈 수 있게 해 달라는 것이었다. 바시와는 아주 다른, 한 가지 목표와 몇 가지 결과와 함께, 아녜시 또한 주변 환경이 허용하는 한에서 자신의 삶을 스스로 꾸렸다.

15
마지막 성찰

여성의 지적 능력을 보여 주고 여성이 고등교육을 받을 기회를 막았던 금기를 깨기 위한 투쟁은 근대성이 싹트는 모습을 반영하는 것이었다. 이 단계에서 여성주의 신학의 과제는 이 금기의 가면을 벗겨 그것이 하느님의 뜻에 반한다는 것을 드러내는 일이었다. 나아가 지성과 관련해 하느님은 동등한 여성과 남성을 창조했고, 여성이나 남성이나 자신의 재능을 최대한 발전시키면서, 그 재능을 공동선을 위해 쓰도록 해야 한다고 주장하는 것이었다.

판 스휘르만과 코르나로, 바시와 아녜시는 유럽 대학교의 수업을 들은 최초의 여성들이다. 당시까지 전적으로 남성적인 영역으로 여겨지던 곳에 발을 내디딘 여성들이다. 이 선구자들은 그 뒤를 따르는 다른 많은 여성들을 위해 길을 열었다. 오늘날 여성이 대학의 학생이거나 교수인 것은 아주 흔한 일이 되었다. 여성이 총장이 되는 것은 아직도 조금 예외적인 경우에 속한다. 2007년 2월, 하버드 대학교는 최초의 여성 총장을 임명했다. 그 영광스런 명예는 역사학자 드류 길핀 파우스트Drew Gilpin Faust에게 주어졌다. 선임 총장인 로렌스 서머스Lawrence Summers가 여성이 남성보다 학문 연구 능력이 떨어진다고 공개적으로 주장해 논란을 빚으면서 총장직에서 사임했기 때문이다.

세계적으로 이름난 대학교 한가운데에서 아주 최근에 일어난 이 일화는 본서 서론에서 다뤘던 핵심적 문제와 이어진다. 다시 말하면, 여성의 문제는 역사를 거쳐 오면서 그 형태가 바뀌었으나 결코 사라지지 않았다. 극적으로 개선된 점들이 없지 않았으나 갈등은 여전히 계속된다. '어디가 여성의 자리인가?'에 대한 질문은 여전히 살아 있고, 자유롭게 노력하고자 하는 여성들은 남성들보다 더 큰 어려움을 겪는다.

전前근대 문화와 사회에서는 여성의 인간성이 남성

보다 수준이 떨어지고, 따라서 올바른 사회질서를 위해 여성이 모든 영역에서 남성에게 종속되어 살아야 한다고, 심지어 남성은 여성의 삶까지 책임질 수 있다고 생각하는 경향이 있었다.

앞서 보았듯이, 근대로 오면서 추론하는 능력과 자신의 고유한 기준을 갖는 능력이 사람을 정의하는 데 핵심적 역할을 했다. 그러나 이 단계에서는 여성을 지적 영역에서 열등한 존재로 여겼다. 이전 단계와 다른 점이 있다면, 여성을 남성보다 더 종교적인 존재로 간주하는 경향을 띠었다는 것이다. 그러나 이러한 경향은 분석적·합리적 능력이 등장하면서 종교가 그 위상을 잃기 시작했기 때문이다.

근대가 강화되는 단계에서, 투쟁은 합리성에서 자유로 옮아갔다. 근대가 절정에 이른 시기에는, 사람의 핵심에 자리하는 것은 더 이상 추론의 능력이 아니라, 사람의 자유와 자율성, 생각하는 바에 따라 행동하는 능력일 것이다. "실수할지라도 스스로 결정하는 것"이 "다른 이의 명령으로 올바른 일을 하는 것"보다 더 인간적으로 여겨질 것이다. 이 단계에서, 여성은 남성보다 덜 자유로운 존재로 특징지어지고 여성은 더 수동적이고 종속적인 존재로 여겨진다.

근대가 꽃을 피운 이 단계에서, 우리가 바로 앞에서 이야기한 것과 대조적으로, 난자(óvulo)의 발견이라는 놀라운 일이 일어난다(폰 베어,[1] 1827). 이 발견을 통해 처음으로 여성이 남성만큼 능동적인 방식으로 종의 재생산에 기여한다는 것을 인정하게 되었다. 1827년 전까지는, 남성은 씨앗(정액)을 주고 여성은 그릇(자궁)을 제공한다고 믿었다. 남성은 비옥하게 하는 비이고, 여성은 비옥해지는 땅이다. 남성은 능동적이고 여성은 수동적·수용적이다. 남성은 결정하고 여성은 결정에 따른다. 이러한 맥락에서 난자의 발견은 유전자 결정의 생물학이 엄밀하게 따지면 동등하다는 것을 명백히 하면서, 진정한 혁명을 의미했다. 다시 말하면, 유전 물질의 50%는 아버지로부터 오고 나머지 50%는 어머니로부터 온다. 이러한 균형이 깨질 때, 질병 또는 죽음이 나타난다.

1968년 5월은 흔히, 근대 이념의 헤게모니가 명백히 무너지는 날로 여겨진다. 다시 말하면 20세기가 인류 역사에서 가장 많은 피를 흘렸다는 것을 확인하면서, 사람의 이성에 물음표를 던진다. 우리가 흔히 '우리의 자유'라고 파악하는 것의 모순적 특성을 보여 주는 연구, 그 극단적 조작 가능성을 입증하는 연구에서 사람의 자율성도 의문시된다. 이러한 위기의 차원에서 오늘날 여성을, 인류를 구제하고 잃어버린 균형을 되찾아 줄 가치를 가져다줄 수 있는 존재로 여기는 경향이 있다.

근대가 여성을 상대적으로 덜 자유로운 존재로 간주했기 때문에 공적 영역에 대한 여성의 접근을 제한하는 경향을 띠었던 것처럼, 탈근대(posmodernidad)는 여성을 더 사랑이 넘치는 존재로 여기기에 가정의 영역을 책임지는 자로 만드는 경향이 있다. 여성의 공적 활동에 대체적으로 반대하고, 가정으로의 복귀에 호의적인 이러한 담론은, 피임약 덕분에 여성들이 새로운 방식으로 어머니다움(maternidad)을 책임질 수 있고 부부생활과 노동생활이 둘 다 가능해진 바로 그 시점에 나타났다. 난자의 발견과 함께, 경구피임약(1951년 멕시코에서 화학자 루이스 미라몬테스Luis Miramontes가 합성했고, 미국에서 생물학자 캐서린 맥코믹 Katherine McCormick에 힘입어 개발되었다)의 발견은 여성의 문제와 더불어 인류의 역사를 새로운 단계로 발전시키는 데 결정적 결과를 가져왔다. 이 새로운 단계에서 여성주의 신학은 고유한 학문 분과로 구성되고 다양화되었다.

종합하면, 역사적으로 여성주의 신학의 역할은 다음과 같은 방식으로 특징지을 수 있다.

- 전근대 사회에서 여성주의 신학은 하느님이 여성과 남성을 동등하게 존엄한 존재로 창조했다고 주장한다. 하느님이 여성을 남성보다 덜 영성적이라고 여기는 것은 아니다.
- 근대가 태동하는 시기 동안(15~18세기), 여성주의 신학은 하느님이 여성과 남성을 지적으로 동등한 존재로 창조했고, 여성이나 남성이나 그들에게 주어진 재능을 최대한 발휘하도록 기대한다고 주장한다. 하느님은 여성이 고등교육을 받는 것을 막는 분이 아니다.
- 근대가 강화되던 시기 동안(19~20세기), 여성주의 신학은 하느님이 여성과 남성을 자유에서나 공적 활동 능력에서 동등한 존재로 창조했다고 주장한다. 정치나 유급 직업, 사제직에 여성의 참여를 막는 것은 하느님이 아니다.

- 탈근대 시기(20~21세기)에, 여성주의 신학은 하느님이 사랑에서, 또 가정 영역에 참여하는 능력에서 여성과 남성을 동등한 존재로 창조했다고 주장한다. 여성의 우선적 과업이 집안일, 아이 돌보기, 환자나 노인 돌보기라고 결정하는 자는 하느님이 아니다.

오늘날, 세계에서 이 모든 투쟁이 한층 더 열려 있음을 알 수 있다. 전체 서구 사회에 전근대적 관점이 아직 일부는 남아 있다. 우리 주변에서 여성이 남성보다 덜 존엄하거나 덜 영성적이라고 주장하는 사람은 드물다. 위험은 오히려 그 반대의 주장이다. 우리 주변에 반동적이고 환원론적인 보상 운동의 차원에서, 여성이 남성보다 더 존엄하고 더 영성적이거나 하느님께 가까이 있다고 믿는 자들이 있다. 여성을 합리적이기보다는 감성적이고 더 사랑스런 존재라고 여기는 것이다.

오늘날 여성주의 신학의 과제는 존엄성과 지성, 자유에서 여성과 남성이 평등하다는 생각에 머물지 않고, 사랑하는 능력에서도 평등하다는 생각에 기반을 두는 사회를 모든 이들 가운데에 건설할 수 있도록 길을 여는 것이다. 성 아우구스티누스의 유명한 문장, "사랑하라, 그리고 그대가 원하는 것을 하라"는 말과 같이, 사랑과 자유는 떼려야 뗄 수 없는 관계이기 때문이다. 이 문장은 모순이 아니고 이중 도덕을 가리키는 것도 아니다. 우리 인간적 존재의 진리에 대한 가장 간결한 주장이다. 다시 말하면 우리는 오직 자유로부터 사랑할 수 있다. 오직 사랑으로부터 자유로워질 수 있다. 자유가 사랑보다 앞에 있지 않으나 그렇다고 사랑이 자유에 앞서는 것도 아니다. 내가 여성이든 남성이든 내 사랑의 척도는 내 자유의 척도와 같다. 둘의 병행은 엄격하고 예외를 허용하지 않는다. 나는 많은 사랑을 갖고 있으므로 그만큼 많은 자유를 갖고 있다. 나는 많은 자유를 갖고 있으므로 그만큼 많은 사랑을 갖고 있다. 오늘날 세계의 변혁과, 우리의 역사에 의미를 부여하는 하느님 나라의 도래는 단지 이론적 선언만이 아니라, 무엇보다도 각각의 여자와 남자가 이러한 진리를 실천적으로 경험할 때 가능하다. 앞서 인용한 바 있는 라비아 알-바스리의 말을 기억하자. "경험한 자는 안다. 그러나 설명하는 자는 거짓을 말한다."

| 주 |

2 가부장적 신학과 여성주의 신학

1   Marta Ortega, "¿Sí quiero? Causas de disolución del vínculo matrimonial en el Próximo Oriente Antiguo», I Jornada sobre Relaciones de Género: Las relaciones de dependencia e independencia entre hombres y mujeres a lo largo de la historia, Universitat Pompeu Fabra, Barcelona, 2005(http://www.upf.edu/iuhjvv/activitats/ponencia.pdf, 2011년 3월 현재) 참조. 또한 Marta Ortega, "Delitos ralacionadoscon la función procreadora feminina en las leyes del Próximo Oriente antiguo", en Dolors Molas (ed.), *Violencia deliberada. Las raíces de la violencia patriarcal*, Icaria, Barcelona, 2007, 71-88 참조.

2   1917년 10월 러시아혁명의 성공과 더불어 혁명정부인 인민위원회(위원장 블라디미르 레닌)가 구성되는데, 콜론타이는 인민위원회의 사회복지위원(장관)을 맡았다. -옮긴이

3   Gregorio de Nacianzo, *Orationes*, XXXVii, 6.

4   Tertuliano, *Sobre la ornamentación de las mujeres* (196-212d. de C.).

5   *Relato del rey Udayana de Varasa*. 또한 불상의 공덕에 관한 경전 (sutra) 참조. 이 두 경전은 첫 세기에 나온 것들이다.

6   "Carta a los obispos de la Iglesia católica sobre la colaboración del hombre y la mujer en la Iglesia y el mundo", Congregación para la Doctrina de la Fe, 31 de mayo del 2004, § 6.

7   Ibid., § 13.

8   스페인어는 소유격(de)을 주체적 소유격과 객체적 소유격으로 나눈다. 주체적 소유격은 행위의 주체를 뜻한다. 예를 들면 'el odio del pueblo'(사람들의 증오)의 경우, 소유격인 사람들(publo)은 증오(odio)라는 행위의 주체를 뜻한다. 반면에 객체적 소유격은 행위의 객체, 대상을 뜻한다. 'el temor del castigo'(처벌의 두려움)의 경우, 소유격인 처벌(castigo)이 두려움(temor)이라는 행위의 객체 또는 대상을 뜻한다. 우리말로 하면 '처벌에 대한 두려움'이라고 말할 수 있을 것이다. 그러나 이러한 구분이 명확하지 않고 모호한 경우도 있다. 예를 들면 지은이가 말한 것처럼 '여성의 문제'(el problema de las mujeres)의 경우 주체적 소유격이 될 수도 있고, 객체적 소유격이 될 수도 있다. - 옮긴이

3 여성 논쟁과 근대의 탄생

1   이어지는 논의 전개는 안드로니키 디알레티Androniki Dialeti 교수의 연구에 토대를 두고 있다. "'Defenders' and 'enemies' of women in early modern Italy querelle des femmes. Social and cultural categories or empty rhetoric?", comunicación presentada en la 5th European Feminist Research Conference sobre 'Gender and Power in the New Europe', Universidad de Lund, Suecia, 20-24 de agosto del 2003.

2   Coloma de Sens 또는 Columba de Sens라 불리는, 3세기 무렵에 활동한 스페인 출신의 순교자이자 성녀이다. - 옮긴이

3   Santa Justina de Padua 또는 이탈리아어로 Giustina di Padova라 불리는, 304년에 이탈리아에서 순교한 성녀이다. - 옮긴이
4   Cristina Carrasco y Màrius Domínguez, *Temps, treball i ocupació. Desigualtats de gènere a la ciutat de Barcelona*, Ajuntament de Barcelona, Barcelona, 2003.
5   Lodovico Dolce, *Dialogo della lnstitution delle donne secondo li tre stati, che cadono nella vita humana*, Gabriel Giolito de Ferrari, Vinegia, 1545.

4 유럽 최초의 여성 전업 작가

1   『숙녀들의 도시』 이봉지 옮김, 지식을만드는지식, 2011. - 옮긴이

5 카탈루냐 최초의 여성주의 신학자

1   스페인 후안 마르토렐Joanot Martorell과 마르티 후안 데 갈바Martí Joan de Galba가 쓴 기사도 소설로, 1490년 발렌시아에서 출간되어 대중적 인기를 누렸고, 세르반테스의 『돈키호테』에 많은 영향을 끼친 것으로 알려졌다. - 옮긴이

6 근대성과 마녀사냥

1   『마녀의 망치』의 지은이로 알려진 하인리히 크라머Heinrich Kramer의 라틴어식 이름은 인스티토리스Henricus Institoris로, 책 출간 때 라틴어식 이름을 사용했다. - 옮긴이
2   독일에서 마녀들을 기소하기 위해 명시적 권위가 필요하다는 크라머의 요청에 따라, 교종은 회칙을 통해 크라머와 슈프렝어에게, 독일과 그 밖의 나라에서 마녀와 이단을 심문하기 위한 공식 권위를 부여했다. - 옮긴이
3   Heinrich Institoris y Jakob Sprenger, *Malleus Maleficarum*, parte I,

cuestió 6, 42 C.

4 Charles Zika, *Exorcising our demons. Magic, witchcraft and visual culture in early modern Europa*, Leiden, Boston, 2003.

5 역사가들은 중세 유럽의 역사를 세 시기로 나눠 고찰한다. 다시 말하면 초기 중세(5~10세기), 고중세(11~13세기), 저(低)중세(또는 후기 중세, 14~15세기)로 나눈다. 우리가 흔히 중세 유럽을 암흑기라고 말하지만, 역사가들은 이 암흑기를 초기 중세로 제한한다. - 옮긴이

6 Jeffrey Burton Russell, *Witchcraft in the Middle Ages*, Cornell University Press, New York, 1972, 270에서 재인용.

7 스페인 발렌시아 출신 성인(1350~1419)이다. - 옮긴이

8 Oliver Duff, "Tanzania suffers rise of witchcraft hysteria", *The Independent*, 28 de noviembre del 2005.

9 독일어 이름은 알브레히트 뒤러Albrecht Dürer. 판화, 수채화 등으로 독일 르네상스기를 대표하는 화가 가운데 한 사람이다. - 옮긴이

7 아빌라의 성녀 데레사와 그녀의 학교

1 이 구절은 스페인어 원문을 그대로 옮겼다. "Dios está en ella, no podrá temblar. Dios la protege con su mirada." - 옮긴이

2 Ana de San Bartolomé, *Obras completas*, ed. Julia Urkisa, vol. I, Edizioni Teresanium, Roma, 1981~1985, 294-295.

3 *Vida de la Venerable Madre Isabel de Jesús, recoleta agustina, en el Convento de san Juan Bautista de la villa de Arenas. Dictada por ella misma y añadido lo que faltó de su dichosa muerte*, Francisco Sanz, Madrid, 1671, 73.

4 스페인의 문학과 예술이 꽃피던 황금기(대략 15세기 말부터 17세기 중엽)에 활동한 대표적 시인 가운데 한 사람이다. - 옮긴이

5 Ana de San Bartolomé, *Obras completas*, vol. II, 658-659.

6   María de San José, *Libro de recreaciones*, Electa Arenal y Stacey Schlau, "Leyendo yo y escribiendo ella: The convent as intellectual community(1989)", Letras Femeninas, vol. 32, núm. 1 (verano del 2006), 134에서 재인용.
7   헤로니모 그라시안 단티스코(Jerónimo Gracián Dantisco, 1545~1614)는 스페인 출신 가르멜회 신부이자 작가이다. — 옮긴이
8   본명은 니콜라스 데 헤수스 마리아(Nicolás de Jesús María, Doria, 1539~1594)로 이탈리아 출신 가르멜회 신부이다. — 옮긴이

8 성모 마리아에 대한 주체적 해석

1   스페인의 주(州) 및 주도(州都) 이름이다. 스페인 북부의 카스티야이레온 자치 지역(Comunidad Autónoma de Castilla y León)을 구성하는 9개 주 가운데 하나로, 이 자치 지역의 동쪽에 자리한다. — 옮긴이
2   "마리아주의는 여성이 남성보다 도덕적으로 우월하고 더 강하다고 보는, 여성의 영적 우월성에 대한 믿음으로, 성모 마리아를 그러한 믿음과 실천의 후원자로 여긴다"(Norma Fuller, "En torno a la polaridad machismo-marianismo", Hojas de Warmi, 7, 1996, 13). — 옮긴이
3   스페인이 아스테카 제국 등 아메리카 대륙의 여러 나라와 도시들을 정복하고, 1535년 Nueva España('새로운 스페인'이란 뜻) 부왕령을 설치한다. 이 부왕령은 당시 북미, 중미 지역의 스페인 식민지뿐만 아니라, 필리핀, 오세아니아 지역의 다른 식민지까지 포괄했다. — 옮긴이
4   후마노족은 오늘날 멕시코와 미국의 국경 부근에 살았던 아메리카 원주민 부족이다. — 옮긴이
5   그녀는 스페인을 떠난 적이 없으나, '동시에 두 지점에 존재하기'라는 현상과 관련된 소문일 것으로 추정된다. — 옮긴이
6   멕시코의 북서부 끝자락에 위치한 주(州)로 미국과 국경을 이루는

지역이다.-옮긴이

9 교회 검열에 대한 투쟁

1 뮤즈는 그리스신화에서 제우스와 기억의 여신 므네모시네에게서 태어난 아홉 명의 딸들로, 음악을 관장하고 시와 노래와 관련 있는 인물들의 어머니로 묘사되기도 한다.-옮긴이
2 바스크는 피레네산맥 서부에 있는 지방으로, 스페인과 프랑스에 걸쳐 있다. 이베리아반도에서 가장 오랜 역사를 가진 민족으로 독자적 문화를 고수하고 있고, 분리 독립을 위한 무장 투쟁을 벌이기도 했다.-옮긴이
3 Antonio Vieira, *Sermón del Mandato. Revista de Indias*, vol. II, núm. 43-44, enero-junio de 1951, 61-87에서 재인용.
4 *Réplica a sor Filotea de la Cruz*, 1691. 필로테아 데 라 크루스Filotea de la Cruz 수녀라는 이름은 산타크루스 주교가 『아테나의 편지』를 출간하면서 썼던 모호한 글에서, 한편으로 후아나 수녀를 치켜세우면서, 다른 한편으로 비판하기 위해 활용했던 가명이다.

10 17세기 여성 문학 활동의 절정

1 그리스와 로마 신화에 나오는 여자 예언자이다.-옮긴이
2 로페 펠릭스 데 베가 카르피오(Lope Félix de Vega Carpio, 1562~1635)는 시인이자 극작가로 스페인의 문학과 예술의 황금기를 대표하는 인물 가운데 한 사람이다.-옮긴이
3 이탈리아에서 시작된 단편소설로, 그 소설이 갖는 교육적·도덕적 특성 때문에 '모범 소설'이라 말한다.-옮긴이
4 에밀리아 파르도 바산(1851~1921)은 귀족(백작 부인) 출신으로 소설가, 시인, 극작가, 문학비평가, 번역가 등 다양한 활동을 통해 여성의 인권과 교육에 많은 노력을 기울였다.-옮긴이

5   영국에서 레이디(Lady)는 귀족의 아내나 딸 또는 남성의 나이트(knight)에 해당하는 작위를 받은 여성이나 나이트의 부인을 칭한다. —옮긴이

11 여성과 남성의 평등성

1   Marie de Gournay, *Égalité des hommes et des femmes*, s.1, 1622, 22.
2   Ibidem. 마지막 문장의 반유대주의에 주목할 필요가 있다. 차별 자체를 인지한다고 해서 다른 이들이 고통받는 것을 늘 볼 수 있는 것은 아니다.
3   Ibid., 25.
4   Bathsua Makin, *Essay to revive the antient education of gentlewomen, in religión, manners, arts & tongues*, J. D., London, 1673, 296.
5   Ibid., 12.
6   Anna Maria van Schurman, *Academia Ultrajectina inauguratio una cum orationibus inauguralibus*, 1636, versos 17-20.
7   삼단논법은 이미 알고 있는 두 개의 전제에서 그것들과는 다른 하나의 새로운 결론을 이끌어 내는 추리 방법이다. 이처럼 두 개의 전제와 하나의 결론으로 이뤄진 삼단논법에서, 어떤 판단이 생략될 경우, 이를 생략삼단논법이라 하고, 다른 한편으로 몇 개의 삼단논법을 연결해 하나의 추리를 진행하는 경우가 있는데, 이를 연결삼단논법이라고 한다. 후자를 복합삼단논법 또는 다중(多重)삼단논법이라고도 한다. —옮긴이
8   Anna Maria van Schurman, *Whether a Christian woman should be educatedand other writings from her intelectual circle*, editado y traducido por Joyce L. Irving, University of Chicago Press, Chicago, 1998, 76.
9   그리스도교 영성의 한 분파로, 일반적으로 완덕은 영혼의 수동성(quiet), 하느님의 행위가 온전하게 이뤄지도록 인간 행위를 억제하

는 것에 있다고 강조한다. 정숙주의는 특히 17세기에 활동한 스페인 출신의 미겔 데 몰리노스(Miguel de Molinos)의 가르침과 관련 있다. 이 가르침은 가톨릭교회에서는 이단으로 단죄를 받았다(https://www.britannica.com). — 옮긴이

12 그리스도교 직무에서의 여성-남성 평등

1   *Women's speaking justified*. 1666년 런던에서 발행된 16쪽짜리 소책자이다.

13 여성들의 지적 활동

1   John Norris y Mary Astell, *Letters concerning the love of God, between the author of the Proposal to the ladies and Mr. John Norris*, Samuel Manship, London, 1695.

2   Ibid., carta quinta.

14 유럽 최초의 여성 박사들

1   최근에 새로운 사실이 하나 밝혀졌다. 유럽 대학교에서 박사 학위를 받은 최초의 여자가 되는 영예는 바르셀로나 출신 훌리아나 모렐(Juliana Morell, 1594~1653)에게 돌아가는 것 같다. 1608년, 다시 말하면 엘레나 코르나로 피스코피아보다 70년 전에, 훌리아나 모렐은 아비뇽Aviñón 대학교에서 법학 박사 학위를 받았다. 그때 그녀의 나이는 겨우 14세였고, 박사 학위를 받은 뒤 아버지의 뜻을 거슬러 도미니코회 수녀가 되었다. 훌리아나 모렐 박사는 바르셀로나 대학교의 유일한 여자 파라닌포(옛날의 대학교에서 개강을 알렸던 사람)였다. Alba Espargaró y Magda Gassó, "Juliana Morell, una humanista a destemps", en *Aventureres de la historia: els altres noms propis de la histbria de Catalunya*, L'Esfera deis Llibres, Barcelona, 2006, 145-

158 참조.
2 스페인의 중부 지방 또는 스페인의 옛 왕국의 이름이다. 1479년 카스티야 왕국과 아라곤 왕국이 통합하여 스페인 왕국을 형성했다. – 옮긴이
3 중세 카스티야 왕국의 언어로, 오늘날 스페인어의 모태가 되었다. – 옮긴이
4 José Biedma López, "Doña Oliva Sabuco", extraído de la páina web <http://www.cibernous.com/autores/biedma/teoria/filrenac/sabuco.html> 2011년 3월 현재.
5 지중해에 있는 스페인의 발레아레스군도에서 가장 큰 섬이다. – 옮긴이

15 마지막 성찰

1 카를 에른스트 폰 베어(Karl Ernst von Baer, 1792~1876)는 러시아 제국(현재의 에스토니아) 출신의 과학자이자 탐험가, 생물학자, 발생학자이다. – 옮긴이

| 참고문헌 |

ALEMANY DE PÁNIKER, Carme, «La Dona del demá», *Qüestions de Vida Cristiana*, núm. 28 (1965), 56-66.

ARANA, María José, *La clausura de las mujeres. Una lectura teológica de un proceso histórico*, Mensajero, Bilbao, 1992.

ARENAL, Electa, y Stacey Schlau, «"Leyendo yo y escribiendo ella": The convent as intellectual community (1989)», *Letras Femeninas*, vol. 32, núm. 1 (verano del 2006), 129-147.

CARBONELL, Neus, *La dona que no existeix. De la Illustració a la globalització*, Eumo, Vic, 2003.

CLIFFORD, Anne M., *Introducing feminist theology*, Orbis Books, Maryknoll (New York), 2001.

GÓMEZ-ACEBO, Isabel (ed.), *La mujer en los orígenes del cristianismo*, Desclée de Brouwer, Bilbao, 2005.

LLOYD, Genevieve, *The man of reason. «Male» and «female» in Western philosophy*, Methuen, London, 1984.

PARSONS, Susan Frank (ed.), *The Cambridge companion to feminist theology*, Cambridge University Press, Cambridge, 2002.

Pateman, Carole, *The disorder of women*, Polity Press, Cambridge, 1989.

Rivera Garreta, María Milagros, *La diferencia sexual en la historia*, Universidad de Valencia, Valencia, 2005.

Rusiñol, Santiago, «Monóleg feminista» (1903), en *Obres completes*, Selecta, Barcelona, 1973.

San Bartolomé, Ana de, *Obras completas de la Beata Ana de San Bartolomé*, edición crítica preparada por Julián Urkiza, 2 vols., Teresanium, Roma, 1981~1985.

San Félix, Marcela de, *Literatura conventual femenina: Sor Marcela de San Félix, hija de Lope de Vega. Obra completa*, edición de Electa Arenal y Georgina Sabat de Rivers, prólogo de José M. a Diez Borque, Producciones y Promociones Universitarias, Barcelona, 1988.

Trible, Phyllis, *Texts of Terror: Litery-feminist readings of biblical narratives*, Fortress Press, Filadelfia, 1984.

Weber, Alison, *Teresa of Avila and the rethoric of feminity*, Princeton University Press, Princeton, 1990.